¡Shhhhhhhhhh y ssssss!

Haz del teatro algo íntimo

Llévalo siempre en el bolsillo

Cubierta y diseño editorial: Éride, Diseño Gráfico
Dirección editorial: ángel jiménez
Coordinador de la colección: Javier Llanos

Primera edición: junio, 2025

los hermanos
© Josu Eguskiza
© VdB, 2025
Espronceda, 5
28003 Madrid

VdB

ISBN: 979-13-87644-27-7
Depósito Legal: M-13355-2025
Diseño y preimpresión: Éride, Diseño Gráfico

Este libro protege el entorno

los hermanos

versión del original
de Publio Terencio Afro

Esta obra se representó dentro de la programación
de la 71a edición del Festival Internacional
de Teatro Clásico de Mérida.

Dirección: Jesús Cimarro.

Josu Eguskiza
(Bilbao, 1976)

Actor y productor ha desarrollado la mayor parte de su carrera en Andalucía. Fundador de compañías como Teatro Clásico de Sevilla y Proyectohandke, desde hace unos años es la cabeza visible de la Cía. Clásicos Contemporáneos, con la que ha producido varios espectáculos, destacando *SEDA*, de Alessandro Bárico; *Otra Ronda*, de Thomas Vinterberg; *La comedia de la cestita* y *Los hermanos* en coproducción con GNP y el Festival de Mérida.

En treinta años de profesión ha trabajado con directores como José Carlos Plaza, Juan Carlos Rubio, Pepa Gamboa, Ricardo Iniesta, Chiqui Carabante… En audiovisual ha participado en varias series de la talla de *Arrayan*, *Allí abajo*, *El asesino de la regaña*… y películas como *Cabeza de Perro*, de Santi Amodeo, o *Escape*, de Rodrigo Cortes; destacando *IRATI*, de Paul Urquijo.

En los últimos años también se ha adentrado al maravilloso mundo de la escritura, destacando la novela *Tiene que ser una mierda ser tú*, la obra de teatro *La casa de la playa*, y la adaptación de la obra de Terencio *Los hermanos,* que se estrenara en el Festival Internacional de Teatro Clásico de Mérida en 2025.

Josu Eguskiza

los hermanos

versión del original
de Publio Terencio Afro

Esta función se estrenó en el Teatro Romano de Mérida
el 20 de agosto de 2025, interpretada por
Pepón Nieto (Siro), Eva Isanta (Miccióna / Sóstrata),
Cristina Medina (Démesa / Cantara), Jasio Velasco (Esquino),
Falín Galán (Sanión / Geta),
Belén Ponce de León (Hegiona) y Josu Eguskiza (Ctesifonte).

Dirección: Chiqui Carabante.

Personajes
(Por orden de aparición).

MICCIÓNA	madre adoptiva de Esquino.
DÉMESA	madre de Esquino y Ctesifonte.
SANIÓN	rufián.
ESQUINO	joven.
SIRO	esclavo.
CTESIFONTE	joven.
HEGIONA	anciana (pariente de Sóstrata).
SÓSTRATA	matrona (madre de Pánfila).
CÁNTARA	anciana (nodriza de Pánfila).
GETA	esclavo de Sóstrata.

Dobletes:
Miccióna y Sóstrata
Démesa y Cántara
Sanión y Geta

3 🚺 4 🚹

Notas
En esta versión, todavía no aparecen las cápsulas musicales que ocurrirán durante la función.

La escena se desarrolla en una calle de Atenas con los frentes de las casas de Miccióna y Démesa y, en medio, la de Sóstrata.

ACTO I
Escena 1
Micción.

MICCIÓN   Esquino no vino anoche, ni él ni los esclavos que habían ido a buscarle. Es verdad lo que se dice: si alguna noche no vuelves a casa, es mejor que hayas hecho lo que la mayoría de las mujeres piensan que sus maridos han hecho. Que quieres a otra, o... ¡que te quieren! O ¡que te has cogido una borrachera como una mula de grande! Como cuando en las Termópilas la noche anterior de la batalla, después de pasar la noche bebiendo hidromiel sin parar... pero esa es otra historia... Pero ¡ay! cuando mi hijo no regresa... ¡qué cosas pienso como madre... qué cosas pienso! ¡Qué haya pasado frío, qué haya tenido un accidente y se haya abierto la cabeza de par en par! Eso es mucho peor... No me vayas a comparar una borrachera, con una cabeza abierta... ¡Ay! ¡Es increíble lo que se quiere a los hijos, más que a una misma! Y eso que es adoptado. ¿Y lo que se parece a mí? ¡Qué cosa!, si es que tiene de dónde aprender... Yo era una prenda buena, la boticaria me llamaban, las noches de verano, en las fiestas dionisiacas, siempre tenía algún brebaje preparado para animar la fiesta, ¡no era yo nadie! Estuve tan entretenida que nunca me casé. Démesa, mi hermana, hizo todo lo contrario: se fue a vivir al campito, siempre fue prudente. Se casó y tuvo dos zagales; de ellos, yo adopté a Esquino, el mayor, y lo crie como si fuera mío. ¡por Móstoles! Lo quiero como si no hubiera un mañana. También procuro que él me quiera. Lo mimo en todo lo que haga falta. Le he enseñado a que sea sincero conmigo, a que me muestre todos los desvaríos que los jóvenes cometen. Pienso que, si es capaz de engañar a una madre, seguro que será capaz de mentir a todo el mundo. Además, es joven y yo lo entiendo, sale a su madre. La adoptiva. Mi hermana…, su madre…, la otra…, bueno, la que fue su madre hasta que lo adopté y yo, no lo vemos igual. ¡Acostumbra a llegar hecha un basilisco! ¡Pero tú estás trastornada, Miccióna!, dice, ¿por qué pierdes a nuestro muchacho? ¿No ves que anda en amoríos? ¿No ves que bebe? ¡Por Júpiter que le permites todo! Démesa es demasiado severa, más allá de lo justo y de lo bueno. A tu hijo no puedes prohibirle las cosas, tiene que aprender su camino errando, con confianza, acompañándolo. Y no prohibiendo, Démesa, no prohibiendo. Esto es lo que distingue a una madre de un amo. ¡Por Móstoles! ¡los hijos no son perros…! Quien no lo vea así, que no tenga hijos. (*Ve llegar a* Démesa.) Por allí viene. Mira la cara que trae. Seguro que me dice trastornada, como siempre. Démesa, me alegro de verte llegar tan… preciosa, ¡mira qué cara más preciosa!

Escena 2
Micdóna – Démesa.

DÉMESA   ¡A ti te quería ver yo!

MICCIÓNA   ¿Por qué estás tan amargada?

DÉMESA   ¡Trastornada! (MICCIÓNA *mira a público.*)
              ¿Cómo voy a venir después de lo que ha he-
              cho Esquino?

MICCIÓNA   ¿Y ahora qué ha hecho?

DÉMESA   ¿Que qué ha hecho? Que es la vergüenza más
              grande que ha parido madre, y, ¿lo que aca-
              ba de hacer? Qué, ¿eh? ¡Qué!

MICCIÓNA   Así no me entero, hermana, has dicho «qué»
              ocho veces en dos frases, así es imposible…

DÉMESA   Que ha entrado en una casa, y después de
              golpear a todo el mundo se llevó raptada a
              una muchacha. ¡Todo el mundo lo sabe! Por
              qué no saldrá a su hermano Ctesifonte, él es
              tan bueno; él, que vive en el campo, que no
              da ningún disgusto. Y la culpa es tuya que le
              permites todo.

MICCIÓNA   Démesa, juzgas mal este asunto. No está mal que un joven beba, rompa puertas y vaya al lupanar. Si nosotras no lo hicimos es porque en el lupanar no hay muchachos, que si los hubiera… digo yo que alguna vez hubiéramos ido. Aunque sea para ver el género. Porque recuerda que aquel año que vinieron los competidores de la prueba del discóbolo para las olimpiadas a entrenar enfrente de casa… bueno, pero esa es otra historia…

DÉMESA   ¡Por Júpiter! ¡Estás trastornada! ¿No es un escándalo que un jovencito haga estas cosas?

MICCIÓNA   ¡Que me dejes! No haberme dado a tu hijo. Ahora te aguantas, Démesa. ¿Gasta, bebe, se perfuma? A costa mía. Yo lo mimaré hasta que pueda… Las puertas, vestidos que haya roto… todo… será a mí costa… Relájate, yo solucionaré el asunto.

DÉMESA   ¡Por Júpiter! Aprende a ser madre… Me preocupa Esquino.

MICCIÓNA   Y a mí también. Démesa, Démesa, Démesa… preocúpate tú del tuyo y yo del mío, que parece que me lo estas reclamando, y ya sabes que, por ita, ita, ita, Afrodita, lo que se da no se quita.

DÉMESA   Yo te pido… ¿Que yo te pido?... Cuánto daño me haces… No te preocupes que yo me encargaré de Ctesifonte y espero que Esquino, por los dioses, algún día cambie.

(*Sale.*)

MICCIÓNA   En el fondo tiene razón, hace poco me dijo que quería casarse y pensé que iba a asentar la cabeza. Parece que todavía no. Igual que yo, que una vez estuve a punto de casarme con un humanista muy lacio que se pasaba las horas contemplando el horizonte y… Pero esa es otra historia… Voy al foro a enterarme qué ha pasado.

ACTO II
Escena 1
Sanión – Esquino – (Báquide).

SANIÓN	(*Persiguiendo a* ESQUINO *y a* SIRO.*)* ¡Por favor, ayuda para restaurar esta injusticia! ¡Ayuda! ¡Por Júpiter, me han robado!
ESQUINO	(*A* BÁQUIDE.*)* ¡Tranquila! No pasa nada. Estando conmigo no se atreverá a tocarte.
SANIÓN	Eso habrá que verlo.
ESQUINO	(*A* BÁQUIDE.*)* A los rufianes no les gusta que les peguen.
SANIÓN	Esquino, atiende; sí, sé que soy un canalla…
ESQUINO	¿Y?
SANIÓN	Pero no hay canalla más bueno y justo que yo en toda Grecia. Así que si te disculpas y aceptas que no querías cometer este atropello hacia mi persona, no me importará ni este poquito. (*Hace un gesto con los dedos.*)
ESQUINO	(*A* BÁQUIDE.*)* Entra en casa.

SANIÓN   (*Tratando de cortarle el paso a* BÁQUIDE.) Por
            encima de mi cadáver.

ESQUINO   Ten cuidado con lo que haces Sanión, si no
            quieres cobrar, no interfieras en el asunto.

SANIÓN   Me gustaría verlo….

            (*Intenta llevarse a* BÁQUIDE.)

ESQUINO   (*A* SANIÓN, *pegándole.*) ¡Que la sueltes!

SANIÓN   ¡No tienes corazón, Esquino!

ESQUINO   Menos tendré si no te apartas.

SANIÓN   ¡Qué tragedia, por todos los dioses!

ESQUINO   Haz el favor de entrar.

            (BÁQUIDE *entra en casa de* MICCIÓNA.)

SANIÓN   Por Pólux, Esquino, ¿qué tienes contra mí?

ESQUINO   Nada.

SANIÓN   ¿No sabes quién soy?

ESQUINO   Ni quiero.

SANIÓN   ¿Pero yo te he hecho algo?

ESQUINO   No ibas a correr poco si lo hicieras.

SANIÓN   ¿Y por qué me quitas a la citarista? Es mía, Esquino. Me costó un montón de dinero…

ESQUINO   ¿Qué es para ti un montón de dinero?

SANIÓN   ¡La cambié por dos camellos!

ESQUINO   ¿Eso es mucho dinero? ¡No estás tú tieso!

SANIÓN   Y siete relojes de sombra.

ESQUINO   Relojes de sombra… interesante…

SANIÓN   Y dos ábacos de lapislázuli.

ESQUINO   ¡Buen material!

SANIÓN   Y una hortensia…

ESQUINO   Tampoco es para tanto…

SANIÓN   Y… y… y… (*Duda.*) veinte trajes típicos de la comarca de Garteria, esos trajes que son tan famosos…

ESQUINO   Los conozco, de la Garterana creo que los llaman… ¿Algo más?

SANIÓN   ¿Te parece poco?

ESQUINO   No te vengas tan arriba que me he enterado que la compraste por veinte minas.

SANIÓN   Bueno, vale, es cierto, pero tenía que intentarlo.

ESQUINO   No montes escandalo a las puertas de mi casa, si no quieres que te meta dentro y te demos una somanta de palos hasta que no puedas ponerte en pie.

SANIÓN   ¿Una somanta de palos a un hombre libre?

ESQUINO   Con todos los palos de la casa.

SANIÓN   ¡No tienes corazón! Qué cosa, ¿luego dicen que todos somos iguales ante la ley?

ESQUINO   Déjate de pamplinas y escucha lo que tengo que decirte.

SANIÓN   Te escucharé, pero solo si dices cosas justas.

ESQUINO   ¡Habrase visto!, que le parece mal que diga cosas injustas.

SANIÓN   Soy un canalla, lo sé, pero a ti no te he hecho nada malo. No tienes corazón.

ESQUINO   ¡Por Hércules, qué pesado! Tú compraste a la muchacha por veinte minas. Yo te pagaré ese dinero.

SANIÓN   ¿Y si yo no quiero vendértela? ¿Me obligarás?

ESQUINO   No se puede vender a alguien que es libre y yo la declaro libre, así que tienes dos opciones: coger el dinero o enfrentarte a un juicio por querer vender a una persona libre. Qué eso está muy feo, Sanión, vender a la gente está muy feo. Si es que no tienes corazón.

(ESQUINO entra en casa de MICCIÓNA.)

SANIÓN   ¡Por Júpiter supremo! Qué coraje tengo. Entró en mi casa, me golpeó en contra de mis deseos y me robó a la citarista que es mía. Y ahora quiere que se la dé ¡Que me costó un montón de dinero! Bueno, por lo menos si se la va a llevar recupero los dineritos. Pero si acepto el trato dirá que se la he vendido y no habrá vuelta atrás, además ya me conozco el cuento: mañana te pago, hoy no puedo... eso... no lo cobro. Seguro. Si cobro puedo soportarlo, por más que sea injusto. Qué desastre, si es que no tiene corazón...

Escena 2
Sanión - Siro.

SIRO   (*Sale de la casa y habla a* ESQUINO *desde la puerta.*) Que confíes en mí... Antes de que cante el gallo conseguiré que acepte el trato y es tan tonto que se quedará feliz pensando que se le ha tratado como a un patricio. (*A* SANIÓN.) Amigo Sanión, ¿de verdad que te has peleado con mi amo?

SANIÓN   Qué paliza me ha dado. Yo estoy reventado, me duele hasta detrás de las orejas. ¡Pues él está más reventado! Imagina si no me ha tenido que dar para que termine peor que yo. Hasta en el cielo de la boca me duele...

SIRO   Algo habrás hecho.

SANIÓN   No tiene corazón. ¡Qué Esquino me quite algo que es mío!

SIRO   Tengo una propuesta que te interesa. Divide las veinte minas en dos pagos. Te paga una parte ahora, eso es casi seguro, y la otra parte cuando pueda. No dirás que no es un negocio redondo. No te has visto en otra como esta, tienes que reconocerlo.

SANIÓN   ¡Por todos los dioses, no tenéis vergüenza! Con la paliza que me ha dado, que tengo el páncreas hinchado de los golpes.

SIRO   ¿El páncreas? ¿Qué es el páncreas?

SANIÓN   El páncreas es una glándula localizada detrás del estómago y por delante de la columna, que produce unos jugos que ayudan a descomponer los alimentos y hormonas que ayudan a controlar los niveles de azúcar en la sangre. Qué, ¿cómo te has quedado?

SIRO   La verdad es que no me lo esperaba…

SANIÓN   Pues yo tampoco, ¡pero no me cambies de tema! No me marcho hasta que cobre.

SIRO   Como quieras. ¿Desea algo el lumbreras antes de irme?

SANIÓN   Sí, por Hércules. Que antes de que haya más líos, me pague las veinte minas, que es lo que yo me he gastado.

SIRO   Yo se lo digo. (*Entra* CTESIFONTE.) Ahí viene Ctesifonte, se le ve alegre, seguro que es por el asunto de la citarista.

SANIÓN   ¿Y qué pasa con mis dineros?

SIRO   ¡Qué pesado! Eso lo vemos luego.

SANIÓN   No tenéis corazón.

Escena 3
Siro – Ctesifonte.

CTESIFONTE Qué contento estoy. ¡Oh, Esquino! ¿Qué decir de ti? Nunca podré alabarte más que lo que tu virtud nos ofrece. Soy el hombre más afortunado de toda Grecia. Nadie tiene un hermano más virtuoso y generoso que yo.

SIRO ¡Oh, Ctesifonte!

CTESIFONTE ¡Siro! ¿Dónde está Esquino?

SIRO En casa, esperándote.

CTESIFONTE ¡Ah!

SIRO ¿Qué ocurre?

CTESIFONTE Que gracias a él aún mi corazón palpita. ¡Qué maravilla de hermano tengo, ha arriesgado su honor por mí! Todo lo que se habla de él, lo ha hecho por mí.

Escena 4
Sanión – Siro – Ctesifonte - Esquino.

ESQUINO   ¿Dónde está ese canalla?

SANIÓN   (*Aparte.*) Ese soy yo. ¿Vendrá a pagarme? Si me paga, el páncreas creo que me dolerá un poco menos.

ESQUINO   Qué alegría verte Ctesifonte Ya puedes relajarte, ya está todo arreglado, Así que puedes dejar de lado esos lamentos que te acompañan desde hace días.

CTESIFONTE   Los dejo de lado porque te tengo a ti. ¡Oh, mi querido Esquino! ¡Oh, mi querido hermano! Me voy a callar, vas a pensar que solo te digo cosas bonitas como agradecimiento y sabes que no, que tú vales mucho…

ESQUINO   ¡Ay, criaturita… como si no te conociera! Lo que no entiendo es por qué no me lo habías contado antes.

CTESIFONTE   Me daba mucha vergüenza, hermano.

ESQUINO   ¡Qué tontería! Por tan poco casi marcharte de la polis. Espero hermano que no vuelvas a caer en el mismo error y que te olvides de esos pensamientos…

CTESIFONTE   Tienes razón hermano, estaba confuso, o confundido, no estoy seguro....

ESQUINO   (*A* SIRO.) ¿Qué dice Sanión?

SIRO   Está a punto de caramelo.

ESQUINO   Voy al foro por dinero para pagarle. Ctesifonte, puedes entrar, ella te espera.

SANIÓN   Para pagarme, muy bien, ¡por Júpiter! Noto el páncreas mucho mejor.

SIRO   Tranquilo que el amo es hombre de palabra.

SANIÓN   Pero se me pagará todo, ¿verdad?

SIRO   Todo. Sígueme.

CTESIFONTE   ¡Ey, ey, Siro!

SIRO   ¿Eh?, ¿qué pasa?

CTESIFONTE   Haz el favor de arreglarte con este canalla lo antes posible. No quiero que siga armando escándalo y esto llegue a oídos de mi madre. Si ella se entera estoy perdido.

SIRO   Confía en mí. Tú entra en casa y disfrutad juntos. Yo me encargo de hacer que se prepare todo.

ACTO III
Escena 1
Sóstrata – Cántara.

SÓSTRATA   Amiga mía, ¿qué va a pasar ahora?

CÁNTARA   Tranquila, todo irá bien. Ahora vendrán los dolores normales de un parto. ¡Como si nunca hubieras parido!

SÓSTRATA   ¡Pobre de mí! Estamos solas, no está Geta ni la partera, ni nadie que avise a Esquino.

CÁNTARA   Tranquila, Geta no tardará en venir, siempre viene a esta hora.

SÓSTRATA   Es cierto, siempre está cuando la necesitamos.

CÁNTARA   Ha sido una suerte que el joven que ha preñado a tu hija, en una relación fuera del matrimonio, haya sido alguien de tan gran familia, de alto linaje. Un joven maravilloso…

SÓSTRATA   Menos mal, ¡por Pólux! Ruego a los dioses que nos lo mantenga a salvo.

Escena 2

Sóstrata – Cántara – Geta.

GETA   (*Hablando solo.*) Qué mala suerte, ahora que parecía que todo iba a reconducirse, ¡malditas sean las injusticias! Seguro que ahora nadie nos auxilia. Cuando parecía que comenzaba a sonreírnos el destino…

SÓSTRATA   (*Aparte.*) Desgraciada de mí. ¿Qué le pasa a Geta que lo veo tan alterado?

GETA   (*Continúa hablando solo.*) Ni las buenas palabras, juramentos y aparentes buenos deseos, ni el próximo nacimiento de un hijo entierran los oscuros instintos de los hombres.

SÓSTRATA   No se le entiende…

CÁNTARA   Sóstrata, vamos a acercarnos a ver qué dice.

GETA   (*Hablando solo.*) Me arde el pecho, solo deseo encontrarme frente a frente con esa familia. Afloran en mí pensamiento crueles, acciones de las que apenas puedo contenerme. Solo deseo torturarlos con el mayor de los dolores existentes, me haría un guiso estupendo con su vesícula y bazo. Un guiso nunca te va a fallar. Chorizo con los intestinos, para el guiso. Los ojos se los daría a los niños para que jueguen; el pelo lo vendo, que ahora a los calvos, les gusta ponerse pelo; las uñas para mi amigo Querea que le encantan las uñas, se come las suyas y todas las que puede. ¿Y si con su escroto hago una especie de cartera para llevar las monedas? Poniéndole una cuerdecita por arriba y quitándole los pelos te puede quedar un monedero la mar de mono. En invierno igual está arrugadito por el frío y caben menos monedas, pero en verano con el calorcito seguro que cabe hasta el taco… Si es que la culpa la tiene Miccióna, su madre, que malcrió a ese despreciable.

SÓSTRATA   ¡Geta!

GETA   (*Viendo a* SÓSTRATA.) A ti te quería ver yo.

CÁNTARA   ¿Qué te aflige? Respira.

GETA   Estamos perdidos.

SÓSTRATA   Habla, ¡por Pólux!, ¿qué sucede?

GETA   Esquino…

SÓSTRATA   ¿Esquino?

GETA   Nos ha dejado. Ama a otra.

SÓSTRATA   ¡Qué desgracia, por todos los dioses!

GETA   Raptó a la citarista de casa de Sanión para llevársela a su casa.

SÓSTRATA   ¿Estás seguro?

GETA   Tan seguro que mis ojos lo vieron.

SÓSTRATA   ¡Qué desgracia! ¿Esquino, el que se iba a casar con mi hija, por haberla preñado fuera del matrimonio y que gracias a él íbamos a poder alcanzar una vida más cómoda por su condición social? ¿Al que se le veía andar por la calle contando los días que faltaban para casarse?, ¿que decía que no tenía más pensamientos que el de coger a su hijo en brazos?

GETA   Ama, qué hacemos, ¿crees que debemos contárselo a alguien y pedir ayuda?

CÁNTARA   No, no, no… las desgracias de puertas para dentro que si no estamos en boca de todos.

GETA   Estás en lo cierto, Esquino tiene su mente puesta en otra, porque no tiene corazón. Si lo contamos, él lo negará, la reputación de tu hija Pánfila, quedará por los suelos. No es necesario que nadie sepa esta desgracia.

SÓSTRATA   ¡Por supuesto que lo contaré!

CÁNTARA   Amiga Sóstrata, ten cuidado con lo que haces.

SÓSTRATA   Veréis, ahora no podrá ser entregada por esposa al ser madre sin ser viuda, pero yo guardo el anillo que Esquino perdió la noche que pasó con Pánfila, y siendo todos nosotros testigos, podremos demostrar que él paso esa noche aquí con ella, y que este hijo es suyo. Si es necesario lo llevaré ante la justicia.

GETA   Lo que tú consideres estará bien.

SÓSTRATA   Corre a casa de Hegiona y cuéntale todo lo sucedido, ella ha sido siempre una buena amiga de la familia, y es muy resuelta; seguro que sabrá qué hacer.

GETA   ¡La gran Hegiona! Mujer adelantada a su época por pensamiento y acción; sí, ella sabrá cómo afrontar esta situación.

SÓSTRATA   (*Se escucha gritar a* PÁNFILA.) Amiga Cántara, llama a la partera que creo que este niño ya está aquí.

Escena 3
Démesa – Siro.

DÉMESA   ¡Por Júpiter! Se dice que mi hijo Ctesifonte
             también es culpable del rapto de la citarista
             junto con Esquino. Eso no puede ser… Cte-
             sifonte es prudente, él no hace tamaña fe-
             choría. No, no puede ser que alguien tan ín-
             tegro se haya pasado al lado oscuro. Yo soy
             su madre, le he dado una buena educación.
             ¿Será posible? ¡Dónde estará! Ahí viene Siro.
             Seguro que sabe dónde se encuentra, pero,
             si se da cuenta de que lo estoy buscando, se-
             guro que no me lo dirá el muy rufián.

SIRO   (*Sin ver a* DÉMESA.) Le acabo de contar a Mic-
             ción todo el asunto. Creo que se está lian-
             do algo muy divertido. (*Ve a* DÉMESA.) ¿Qué
             te ocurre Démesa?

DÉMESA   ¿Que qué me ocurre? ¡Que me parece in-
             creíble vuestra actitud!

SIRO   ¡Por Hércules! ¡Por qué dices eso! (*A un es-
             clavo de dentro de la casa.*) Prepara el pes-
             cado, Dromón. Y no te pelees más con esa
             merluza. ¡Que eres un merluzo! En cuanto
             vuelva le sacaremos los lomos.

DÉMESA   ¡Será posible!

SIRO   Los esclavos de hoy en día no tienen forma-
ción. (*A otro esclavo.*) Estefanión, ve hacien-
do una reducción de pitarra para la salsa.

DÉMESA   (*Aparte.*) ¡Por Júpiter! ¿Soy yo o se está que-
dando conmigo?

SIRO   (*A* DÉMESA.) Démesa, es lo que tiene el conocimiento: no solo hay que ver lo que pasa
delante de uno, sino también hay que prever
lo que te depara el futuro.

DÉMESA   ¿Es cierto que tenéis en casa a la citarista?

SIRO   Dentro está.

DÉMESA   ¿Y se va a quedar para siempre?

SIRO   Es el deseo del muchacho.

DÉMESA   ¡Cómo se permite un hecho así!

SIRO   Las cosas de una madre laxa y tolerante.

DÉMESA   No puedo con ella, ¡qué vergüenza de hermana!

SIRO   La verdad, Démesa, es que sois la noche y el
día, y no lo digo porque estés presente. Tú,
Démesa eres el raciocinio personificado, pero
tu hermana solo tiene pajaritos en la cabeza.

Que me caiga un rayo ahora mismo si tú permitieras hacer esas cosas.

(*Silencio, los dos miran al cielo.*)

DÉMESA   Así es, Siro. Por casualidad no sabrás por donde puede estar Ctesifonte.

SIRO   (*Aparte.*) Mandaré a ésta al campo. (A DÉMESA.) Ctesifonte se fue hace un rato al campo.

DÉMESA   ¿Seguro que está en el campo?

SIRO   Yo mismo lo llevé con el carro de tracción a los cuatro burros y con ciento cincuenta asnos de potencia que acaba de comprar el amo.

DÉMESA   ¿Un carro con tracción a los cuatro burros y con ciento cincuenta asnos de potencia? ¡Qué nivel gastáis en esta casa!

SIRO   No te creas, lo compró en la feria del carro de ocasión.

DÉMESA   Entonces..., lo llevaste al campo. Mejor; tenía miedo a que las malas influencias hubieran hecho que se confundiera.

SIRO   Nada más lejano a la realidad, indignadito que se fue.

DÉMESA   Pero ¿por qué?

SIRO
Casi llega a las manos con Esquino a cuenta de la citarista.

DÉMESA
¿De verdad?

SIRO
Trató de impedirlo. ¡Esquino, esto no es digno de nosotros!, decía. ¡Controla tus instintos Esquino! No se calló nada.

DÉMESA
Oh, por todos los dioses, ¡ese es mi hijo!

SIRO
Estás perdiendo tu integridad, que es el mayor don que los dioses nos han dado, le decía.

DÉMESA
Qué orgullosa estoy. Se parece a sus antepasados. Si es que él tiene muy arraigadas las enseñanzas que le he trasmitido.

SIRO
Si es que, cuando hay una madre que brilla… porque es brillante, ilumina el camino de los hijos.

DÉMESA
Yo le digo que observe la vida de los demás y que tome ejemplo de la gente que lo hace bien: «haz eso».

SIRO
Es razonable.

DÉMESA
«No hagas eso».

SIRO
Así ha de ser.

DÉMESA
«Eso es digno de admirar».

SIRO   Cuánta sabiduría.

DÉMESA   «Eso es una conducta viciosa».

SIRO   Excelso.

DÉMESA   Pero además...

SIRO   ¡No te vengas tan arriba!, ¡por Hércules!, tengo cosas que hacer. Cuánto nos parecemos Démesa, si no ilumino el camino de esos merluzos que me ayudan en la cocina, obrarán mal. Y eso también es una infamia. Yo también he de guiarlos. «Esto está salado», «esto hay que lavarlo más», «muy hecho». Los aconsejo según mi conocimiento. Pero para nada. Siento que no sirve para nada, pero ¿qué quieres que haga? Es un sinvivir, nosotros los seres privilegiados tenemos que acostumbrarnos a compartir lo cotidiano con la plebe, qué le vamos a hacer. Bueno, finalmente, ¿te irás al campo?

DÉMESA   Sí, ya que mi maravilloso hijo está allí. Es lo único que me preocupa. Él es el único que me importa. Que sea mi hermana quien se preocupe de Esquino. ¡Dichosos los ojos! Por allí se ve a Hegiona, crecimos juntas. ¡Una mujer con una integridad como las de antes! ¡Ciudadanas como ella escasean!

Escena 4
Démesa – Hegiona – Geta – (Pánfila).

HEGIONA ¡Por Júpiter, esto que me cuentas no hay por dónde cogerlo!

GETA No te miento.

HEGIONA ¡Por Pólux!, Esquino, una fechoría de ese calibre no es digna de tu madre.

DÉMESA (*Para sí misma.*) Creo que Hegiona ya se ha enterado de lo de la citarista. Es tal la desgracia que ella, siendo un extraño, no da crédito, y su madre como si no pasara nada.

HEGIONA Si no lo arreglan… Conseguiremos solucionarlo Geta, de algún modo.

GETA Dependemos de ti, Hegiona, solo te tenemos a ti. El viejo Símulo, al morir, nos hizo prometer que ante cualquier infortunio pidiéramos tu consejo. Siempre supiste interpretar los designios del oráculo, tu capacidad está fuera de toda duda…

DÉMESA (*A* HEGIONA.) Que los dioses te protejan, Hegiona.

HEGIONA	A ti te quería ver yo, Démesa.
DÉMESA	¿Por qué?
HEGIONA	Tu hijo mayor, Esquino, no tiene un comportamiento acorde a su posición.
DÉMESA	¿Por qué dices eso?
HEGIONA	¿Recuerdas al viejo Símulo?
DÉMESA	Sí, claro
HEGIONA	Tu hijo preñó a una hija suya.
DÉMESA	¿Cómo?
HEGIONA	Pero eso no es lo más grave, Démesa.
DÉMESA	¡No me creo que haya algo aún más grave!
HEGIONA	Más grave aún. Una acción así, puede ser un error de juventud; son jóvenes, la noche los confunde. Eso se puede llegar a entender. Cuando ella le contó que estaba preñada, él fue a su casa jurando que se casaría con ella. Se decidió esperar al nacimiento para hacer una celebración acorde a la felicidad que nacía. Pero hoy, justo hoy, que es el día asignado por los dioses para alumbrar esta nueva vida, abandona a Pánfila, para irse con una citarista.

DÉMESA   ¿Pánfila?

         (*Se ríe.*)

HEGIONA Si, Pánfila. Cierto es que el nombre la repre-
         senta bastante bien ya que no es un manojo
         de virtudes, pero eso no le da derecho a ac-
         tuar así con ella.

DÉMESA   No quepo en mi asombro. ¿Eso es cierto?

HEGIONA Ahí, en su casa, están ahora mismo aten-
         diendo a Pánfila, (DÉMESA *se ríe.*) que está de
         parto. Ya está bien Démesa, creo que no está
         la cosa para estas tonterías.

DÉMESA   Perdón, tienes razón.

HEGIONA Ellas te lo pueden confirmar, además de Geta,
         aquí presente. Verás, no es que sea Aristóte-
         les, pero es muy bueno de fiar. En esa fami-
         lia pasan muchas necesidades y Geta con su
         esfuerzo consigue que todos los días haya un
         plato de comida en la mesa. Llévatelo y áta-
         lo hasta que confiese la verdad.

GETA   Sí, tortúrame si hace falta para que veas que
         estamos en lo cierto.

PÁNFILA (*Voz en off. Dentro de la casa.*) ¡Ayyy! ¡Me
         duele mucho! ¡Por qué, todavía no se ha in-
         ventado la epidural! ¡Auxilio! ¡Espera a que
         te coja, Esquino!

HEGIONA   ¿La oyes sufrir? ¿Qué tienes que decirme?

DÉMESA   Hablaré con mi hermana. Veré como podemos solucionar este asunto.

HEGIONA   Confío en que así sea. Geta, vamos a ver cómo va el parto.

(*Salen* HEGIONA y GETA.)

DÉMESA   Esto lo veía venir. Tanta libertad termina en libertinaje. Iré en busca de mi hermana para ver qué solución le damos.

Escena 5
Hegiona.

HEGIONA   (*A* SÓSTRATA, *desde fuera de la casa.*) Estate tranquila Sóstrata y cuida de Pánfila (HE-GIONA *se ríe.*) que es lo propio ahora. Iré al foro en busca de Miccióna y le contaré lo sucedido. En cuanto vea su reacción sabré qué hacer. Confía en mí. (*Para sí misma.*) Nunca lo había pensado... Pánfila, qué gracioso...

ACTO IV
Escena 1
Ctesifonte – Siro.

CTESIFONTE   ¿Entonces, mi madre está en el campo?

SIRO   En el campo está.

CTESIFONTE   Odio ese campo, está tan cerca que no tengo excusa ninguna para justificar mi ausencia de esta noche. Si estuviera lejos diría que se me hizo tarde y que ante la ausencia de luna era arriesgado llegar, pero al estar tan cerca... Cuando me pregunte dónde he estado, no sé que le voy a contestar.

SIRO   ¿No se te ocurre nada?

CTESIFONTE   Solo se me ocurre que camino a casa me crucé con una manada de búfalos y ñus, y que mientras esperaba a que pasaran me quedé dormido en lo alto de un árbol.

SIRO   Complicado. No creo que cuele. ¿No sé, no tienes a algún conocido a quien pudieras haber estado ayudando?

CTESIFONTE   Se me ocurren montones de cosas para jus-
              tificar mi ausencia de día, pero mi madre no
              es tonta, y de noche...

SIRO   ¡La verdad es que las personas de bien des-
              cansan por la noche! Yo salgo poco, pero la
              última vez, ¿sabes a quien me encontré? A
              Maromo, Cicuta y Limaco, y ya sabes que los
              dioses los crían y ellos se juntan y... bueno
              eso no importa, pero tranquilo. Yo sé cómo
              calmar a tu madre: cuando ladra como una
              perra, la dejo ronroneando como una gatita.

CTESIFONTE   Dime, ¿cómo lo consigues?

SIRO   Diciéndole lo bien que ha obrado como ma-
              dre, enumero todas las virtudes que se me
              ocurren como si fueran parte de su ser y le
              cambia la cara. Se pone de suavona... (*Ve a*
              DÉMESA.) ¡Agua!

CTESIFONTE   ¡No gracias, prefiero un vinito!

SIRO   ¡Qué no, merluzo! ¡Que viene tu madre!

CTESIFONTE   ¡Mi madre! Estoy perdido, Siro, ¿qué puedo
              hacer?

SIRO   Entra en casa. Ya veré como me las apaño.

CTESIFONTE   Tú no me has visto.

SIRO   ¿Te quieres ir? (*Se va.*) Menudo regalito...

Escena 2

Ctesifonte – Siro – Démesa.

DÉMESA   No hay lugar a dudas, soy una desgraciada. Dónde estará mi hermana. Y para colmo se-gún mi vecino Fedrias, es falso que Ctesi-fonte esté en el campo. ¿Qué puedo hacer?

CTESIFONTE   (*Voz en off.*) ¡Siro!

SIRO   ¿Qué?

CTESIFONTE   (*Voz en off.*) ¿Me anda buscando?

SIRO   Sí.

CTESIFONTE   (*Voz en off.*) Es mi fin.

SIRO   Cálmate Ctesifonte.

DÉMESA   (*Sin ver a* SIRO.) Qué cruel es el destino, ten-go que ser la primera que me entere de todo y la que tenga que solucionar todos nuestros males. Qué desgraciadita, siempre enfren-tándome al dolor en soledad.

SIRO   (*Aparte.*) Alma de cántaro, que es la prime-ra en enterarse de las cosas, dice, y no se en-tera de nada.

CTESIFONTE (*Voz en off.*) Siro, haz el favor, por los dioses. Qué no entre en casa.

SIRO ¡Qué pesado! Que yo me encargo...

CTESIFONTE (*Voz en off.*) ¡Por Pólux! Me esconderé en la habitación más lejana de la casa. Seguro que hasta allí no entra.

SIRO ¡Calla ya, por favor!

DÉMESA (*Ve a* SIRO.) Por fin encuentro al canalla de Siro.

SIRO (*En voz alta, simulando no ver a* DÉMESA.) ¡Que no! ¡Que yo me debo a mi amo, no puedo más! Todo el mundo me da órdenes, ¿pero, eso cómo va a ser?

DÉMESA ¡Pero que dice este trastornado! (*A* SIRO.) ¿Qué te pasa buen Siro? ¿Está Micciona en casa?

SIRO ¿Por qué me dices buen Siro? Es mi fin.

DÉMESA ¿Qué ocurre?

SIRO Que tu hijo Ctesifonte nos ha apalizado a la citarista y a mí.

DÉMESA ¿Cómo? ¿Pero qué estás diciendo?

SIRO — ¡Ay! El páncreas, que me ha hinchado el páncreas de los golpes.

DÉMESA — ¿Qué es el páncreas?

SIRO — El páncreas es una glándula localizada detrás del estómago y por delante de la columna, que produce unos jugos que ayudan a descomponer los alimentos y hormonas que ayudan a controlar los niveles de azúcar en la sangre. Qué, ¿cómo te has quedado?

DÉMESA — Pues no me lo esperaba...

SIRO — Pues yo tampoco.

DÉMESA — ¿Pero por qué te ha golpeado?

SIRO — Me culpa de que Esquino comprara a la citarista.

DÉMESA — ¿Pero no estaba en el campo?

SIRO — Pues volvió. Y no veas con qué talante. ¡Qué poca vergüenza...! Pegar a un esclavo, eso de toda la vida se le llama ser un abusón... o, ¿hacer *bullyng*?

DÉMESA — ¡Ese es mi hijo! ¡Ctesifonte, sales a tu madre! Qué orgullo de hijo.

SIRO — ¿Lo apruebas?

DÉMESA   Actuó valerosamente.

SIRO   ¡Oh! ¡¿Valiente, pegar a una mujer y a un esclavo?! Me encantaría verlo enfrentándose a Máximo Décimo Meridio, comandante de los ejércitos del norte, general de las legiones Fénix, fiel servidor del verdadero emperador Marco Aurelio. Padre de un hijo asesinado, esposo de una esposa asesinada y que se vengará en esta vida o en la otra.

       (*Silencio.*)

DÉMESA   Tú estás trastornado... Lo hizo perfecto. Yo también creo que tú eres la cabeza pensante de todo este entuerto. Pero ¿está mi hermana en casa?

SIRO   No.

DÉMESA   ¿Y sabes dónde está?

SIRO   Sí. Pero no te lo digo.

DÉMESA   ¿Cómo?

SIRO   Qué no te lo digo.

DÉMESA   Te arranco la cabeza.

SIRO   Pues sí te lo digo.

DÉMESA   Di.

SIRO | ¿Conoces la puerta de la muralla de entrada al mercado?

DÉMESA | ¡Todo el mundo la conoce!

SIRO | Ponte justo debajo de ella mirando para fuera, coge calle arriba hasta la plaza. Después coge la cuesta abajo de la derecha. Después coge el callejoncito.

DÉMESA | ¿Qué callejón?

SIRO | Donde hay un gran árbol

DÉMESA | Sí

SIRO | Todo recto.

DÉMESA | Pero ese callejón no tiene salida.

SIRO | Va a ser que tienes razón. No, es que me ha dado un aire y... ha hecho que me equivoque. Es verdad, empecemos de nuevo. ¿Conoces la casa de Cratino, el rico?

DÉMESA | Claro.

SIRO | Una vez llegues... todo recto, después a la izquierda, izquierda, derecha, izquierda, y al llegar al templo de Diana, a la derecha. Que vosotros, los señoritos, ya se sabe, siempre a la derecha. Allí encontrarás un negocio de restauración de escudos, frente el sitio ese que dan masajes relajantes con final feliz. Pues ahí no, justamente al lado que hay un carpintero, que viene de fuera, que se llama José, que tiene una mujer que se llama María y un hijo con una mirada muy intensa, pues allí está...

DÉMESA   ¿Para qué ha ido a una carpintería?

SIRO   Esta es una pregunta que utilizan los mortales, es una pregunta equivocada, que mezcla ya la equivocación de la segunda vía. Ya que solamente podemos decir, es necesario y es pensable, y por lo tanto decirlo, que ser es, no ser no es, cuidado con esto, en el ámbito de los primeros principios, el no ser como Arge, no es. La nada como Arge no es. Eso no significa que el no ser, no vaya a tener, en una interpretación que podría darse, que es la que ha dado Aristóteles de Parménides, no pudiera ser precisamente, aquello que diferencia la pluralidad originaria, de los que participan, en la unidad intensiva modal, de ese uno, al que ya la república de Platón había llamado el bien. De tal manera que no ser, podría ser, que si son, a la vez, A y B y C y D, como primeros principios, y comparten para serlo, la unidad intensiva del ser que necesariamente es, el no ser fuera entonces la diferencia. B no es A, ni C no es A, ni B, ni D no es ni C ni A. De manera que entonces esta seria la respectividad de una pluralidad originaria.

DÉMESA   A buscarle voy.

               (*Sale.*)

SIRO   Eso es, vete y anda hasta que te duelan los
               pies. Esquino no llega y a este paso se le va
               a enfriar la comida. Ctesifonte está retozan-
               do con la citarista, si el estrés se lo permite.
               Creo que es el momento de que me relaje
               un poco y me vaya a que me den un masa-
               je, que todo esto me tiene muy estresado.
               Pero a un sitio de masajes en condiciones,
               al sitio ese del final feliz; yo lo sé porque me
               lo han contado…

Escena 3
Miccióna – Hegiona.

MICCIÓNA   No hace falta que me adules tanto Hegiona. Solo hago lo que debo hacer, solo corrijo el error de mi hijo.

HEGIONA   Ya solo queda que vayas a casa de Pánfila (*Se ríe.*) y le digas a su madre que todo esto no es por Esquino, que es por Ctesifonte.

MICCIÓNA   Si crees que es lo mejor, es lo que haremos.

HEGIONA   Se quedará más tranquila si eres tú quien le pide disculpas.

MICCIÓNA   Eso está hecho. Mira tú por donde, que me recuerda a cuando pedí disculpas en el senado en nombre de Platón… Pero eso es otra historia…

Escena 4
Esquino.

ESQUINO
En menudo entuerto estoy metido. Me veo en un callejón sin salida. Todo el mundo cree que rapté a esa citarista porque me gusta. Nada más lejos de la realidad. Era para mi hermano Ctesifonte. Sé que Sóstrata y Pánfila ya lo saben y que no voy a poder casarme con ella. ¿Qué voy a hacer ahora? ¿Contar la verdad? No puedo. Soy capaz de perderlo todo por el bien de mi hermano. No puedo ponerlo en evidencia. Se me parte el alma. Tendría que haberle contado a mi madre lo que pasaba, me hubiera aconsejado y ahora podría casarme. Mi corazón palpita como un volcán en erupción, iré a casa de Pánfila a pedir perdón, intentaré reconducir esta cruel situación. ¡Abrir por favor, tengo que hablar con Pánfila! Ahora que me doy cuenta... vaya nombre el de Pánfila...

(Se ríe.)

Escena 5
Esquino – Miccióna.

ESQUINO	¿Madre?
MICCIÓNA	¿Eres tú quién llamabas? ¿No me contestas?
ESQUINO	Yo no golpeé.
MICCIÓNA	¿No? ¿Y qué asunto te trae por aquí?
ESQUINO	Dime madre, ¿qué te trae, en verdad, por aquí?
MICCIÓNA	A mí, en realidad, nada. Una amiga me trajo desde el foro hasta aquí hace un momento para contarme algo que ha sucedido.
ESQUINO	Aún hay más cosas que no sabes, madre, es sobre Ctesifonte.
MICCIÓNA	Esquino, sé todo en relación a la citarista y tu hermano, y lo sé porque me preocupo por ti y porque te quiero como si te hubiera parido.
ESQUINO	¡Mi querida madre! Te amo desde lo más profundo de mi corazón y desde allí mismo me aflora un sentimiento de vergüenza infinita.

MICCIÓNA   Te creo, ¡por Móstoles!, pues sé que eres honesto, aunque un tanto inconsciente. Preñaste a una joven. ¿Por qué no me lo dijiste? ¿Creías que mientras dormías los dioses lo resolverían? ¿Que sin que hicieras nada se iba a solucionar todo? ¿No crees que yo, tu madre, con mi experiencia, te podría ayudar? Y, sobre lo de tu hermano, mejor ni hablar. Que eres muy chico todavía. Anímate, que está todo arreglado, y te casarás con ella.

ESQUINO   Madre, no te rías de mí, que estoy muy mal y tengo miedo de que me dé una apoplejía.

MICCIÓNA   Pero ¿por qué?

ESQUINO   Siento que los dioses no pueden ser tan generosos conmigo y me temo que ocurra algo, y, que finalmente, no logre realizar mi deseo y no sea más que un castigo.

MICCIÓNA   Marcha a casa y da gracias a los dioses para que puedas llevar a tu esposa. Los dioses siempre están con nosotros, como aquel día que me iluminaron y gracias a ellos descubrí un nuevo planeta, al que llamé Júpiter en honor al dios, pero eso es otra historia... Anda, marcha con tu esposa.

ESQUINO   ¿Mí esposa?

MICCIÓNA   En cuanto se pueda.

ESQUINO   ¡Madre, te quiero más que a nadie en el mundo!

MICCIÓNA   ¿Más que a ella?

ESQUINO   No te pases, madre.

MICCIÓNA   Tenía que intentarlo. Anda hijo, voy a entrar a ver qué hace falta para preparar el casamiento.

              (*Entra.*)

ESQUINO   Voy contigo. Necesito ver a Pánfila.

              (*Se ríe.*)

Escena 6
Démesa.

DÉMESA   ¡Madre de Zeus del amor hermoso! Estoy reventada de dar vueltas. ¡Valiente castaña de indicaciones me ha dado Siro! Allí no había ninguna carpintería, ni nadie que hubiera visto a mi hermana. Me quedaré en casa esperándola.

Escena 7
Démesa – Miccióna.

MICCIÓNA   Me voy; queden tranquilas que no hay nin-
           gún problema por nuestra parte.

DÉMESA   Aquí está la trastornada. (*A* MICCIÓNA.) A ti
           te quería ver, hermana.

MICCIÓNA   ¿Y eso?

DÉMESA   Tengo noticias frescas sobre las maldades de
           ese joven tan prudente que has criado.

MICCIÓNA   ¡De nuevo!

DÉMESA   Noticias terroríficas.

MICCIÓNA   ¡No será para tanto!

DÉMESA   ¡No sabes hasta dónde puede llegar!

MICCIÓNA   ¡Claro que lo sé!

DÉMESA   ¡Alma de cántaro! Crees que hablo de la ci-
           tarista y es aún peor. ¡Ha dejado preñada a
           una joven!

MICCIÓNA   Estoy al tanto.

DÉMESA	Y, ¿cómo es que no estás escupiendo bilis?
MICCIÓNA	A mí la bilis no me gusta...
DÉMESA	Que ha nacido una criaturita, hermana, haz el favor...
MICCIÓNA	¡Una criaturita muy querida! Esto me recuerda a aquella tarde paseando por las laderas del monte Olimpo y tuve que asistir en el parto de una elefanta que traía la cría atravesada. Pero eso es otra historia...
DÉMESA	(*Mira a público.*) Lo que hay que aguantar... Déjate de historias y atiende; la madre está tiesa como la mojama.
MICCIÓNA	Estoy informada.
DÉMESA	¡Y no tiene dote para casarse!
MICCIÓNA	Así es.
DÉMESA	¿Y qué haremos?
MICCIÓNA	Solo podemos hacer una cosa: traer a Pánfila y al niño a casa.
DÉMESA	¿Sin dote? ¡Eso no nos conviene!
MICCIÓNA	¡Por Móstoles!, hermana, no podemos hacer otra cosa.

DÉMESA	Me cuesta creer que esta situación no te importe, pero si fuera así, podías disimularlo un poquito, vamos, digo yo.
MICCIÓNA	Todo está arreglado. Se casarán, así que no hay nada que disimular.
DÉMESA	¿De verdad estás contenta con las acciones de Esquino?
MICCIÓNA	No, y si en mi mano estuviera, hubiera hecho algo para evitarlo, pero las cosas son así, por lo que solo nos queda asumirlo. Esta es la vida de una madre: corregir los errores de nuestros hijos.
DÉMESA	¿Y qué va a ocurrir ahora con la citarista?
MICCIÓNA	Nada, ¿por?
DÉMESA	¡Por todos los dioses habidos y por los que vayan a venir! ¡Tú tienes la cabeza para Alejandría! ¿Una fulana y una señora bajo el mismo techo?
MICCIÓNA	¿Qué tiene de malo?
DÉMESA	¿Y la casada va a aprender de la fulana?
MICCIÓNA	Imagino que a tu hijo no le importará...
DÉMESA	¡Estás fatal! Yo pensaba que estabas trastornada, pero lo que tienes es una perturbación

en el lóbulo central del cerebro, que... que no te deja...

MICCIÓNA Viviremos todas juntas. Si quieres puedes venir a vivir con nosotras.

DÉMESA No te deja, no te deja.

MICCIÓNA Ahora en serio, Démesa, déjate de pamplinas y alégrate por la boda de tu hijo. Es un día feliz. Voy a entrar en casa para seguir arreglando los asuntos.

(*Entra en casa.*)

DÉMESA ¿Seré yo, la que tengo un encurtido por cerebro? ¡Por Pólux! ¡Que no! No puede ser, una casa donde viven señora y fulana, casamiento sin dote, joven entregado a la lujuria, y una madre trastornada, porque está fatal de lo suyo... Ni la diosa Salud tiene agallas para arreglar a esta familia...

ACTO V
Escena 1
Démesa – Siro.

SIRO	¡Por Pólux!, que a gustito me he quedado después de este masaje... a secas... seco... ja, ja, ja, es como me han dejado. Pero si aquí está nuestra súper madre. ¿Qué ocurre?
DÉMESA	¡Valiente rufián estás hecho!
SIRO	¿Tú solo sabes faltar?
DÉMESA	Si fueras mi esclavo...
SIRO	Te bañarías en leche de burra.
DÉMESA	Haría que tus fechorías no quedaran impunes.
SIRO	¿Se puede saber qué he hecho ahora?
DÉMESA	Con todo lo que está pasando, vas a darte un masaje, así, a lo loco, como si no pasara nada.
SIRO	(*Aparte.*) Con lo relajado que venía...

Escena 2
Siro – Démesa.

DROMÓN	(*Voz en off. Desde dentro de la casa de* MIC-CIÓNA.) ¡Eh, Siro! Ctesifonte te llama.
DÉMESA	¿Cómo que Ctesifonte te llama?
SIRO	¿Ctesifonte? Qué Ctesifonte... ¡Ha dicho un bisonte!
DÉMESA	¿Está adentro Ctesifonte?
SIRO	Esta es una pregunta que utilizan los mortales, es una pregunta equivocada, que mezcla ya la equivocación de la segunda vía. Ya que solamente podemos decir, es necesario y es pensable, y por lo tanto decirlo, que ser es, no ser no es, cuidado con esto, en el ámbito de los primeros principios...
DÉMESA	Te arranco la cabeza...
SIRO	Estar... estar... puede estar o no estar. Ya sabes, la gente por lo general suele estar, no se sabe si, dentro, fuera. Lo que te aseguro es que en algún sitio estará. Dudo que haya desaparecido así de repente.

DÉMESA   Y, ¿por qué dicen que te llama desde la casa?

SIRO   ¡Ah! No te preocupes, seguro que es mi primo, que lo llamamos «El bisonte» porque está gordo y tiene unos cuernos... como un bisonte.

DÉMESA   No me lo creo.

(*Se dirige hacia la casa de* MICCIÓNA.)

SIRO   ¿Dónde vas?

DÉMESA   Que me dejes entrar.

SIRO   No te dejo.

DÉMESA   Te arranco la cabeza.

SIRO   Sí, te dejo. (*Entra* DÉMESA *en casa.*) ¡La que se va a liar! Estas cosas a mí me estresan un montón. La que le va a caer al pobre Ctesifonte. Se me ha cortado el cuerpo y todo. Creo que necesito otro masajito...

Escena 3
Démesa – Miccióna.

MICCIÓNA   (*Sale de casa de* SÓSTRATA.*)* Ya está todo arreglado, Sóstrata. En cuanto desees... (*Sobresaltada.*) ¿Quién llama con tal ímpetu a mi casa?

DÉMESA   (*Sale de casa de* MICCIÓNA.*)* ¡Qué desgracia! ¡Mi hijo con la citarista!

MICCIÓNA   (*Aparte.*) ¡Por Móstoles! Ha descubierto el entuerto, por eso grita. Prepárate para lo que viene...

DÉMESA   ¡Tú, tú eres la perdición de nuestros hijos!

MICCIÓNA   Cálmate y respira, Démesa.

DÉMESA   Me calmo y respiro. Pero dime, ¿no quedamos que tú te ocuparías de Esquino y yo de Ctesifonte? Contéstame.

MICCIÓNA   Cierto es.

DÉMESA   Y ¿por qué está en tu casa, en paños menores, con la citarista y con los chapetitos colorados de todo el vino que han bebido?

Entonces, ¿también yo puedo intentar educar e influir en Esquino?

MICCIÓNA   No está bien lo que dices.

DÉMESA   ¿Por?

MICCIÓNA   Ya conoces el proverbio: todas las pertenencias de las hermanas son dignas de ser compartidas.

DÉMESA   Cómo sabes manipular con la palabra...

MICCIÓNA   Atiéndeme, Démesa. Si lo que te preocupa es el gasto que hacen nuestros hijos, piensa: cuando eran pequeños los criabas en relación a tus bienes y posesiones, pensabas que serían suficientes. Mantén ese pensamiento, ahorra y déjales todos los bienes que puedas juntar, esa será tu grandeza. Deja que disfruten de los dineros de esta solterona. Piensa que, guardando tu dinero, el mío es todo ganancia.

DÉMESA   Olvidemos el dinero. ¿Qué hacemos con su comportamiento?

MICCIÓNA   Juicio no les falta, son inteligentes. Respetuosos en su justa medida; y ellos se adoran entre sí. No les falta corazón. Son errores de juventud, seguro que el día que haga falta podrás meterlos en vereda. Entiendo, que temas que no vayan a dar valor al dinero. ¡Querida

Démesa! Con el paso de los años aprendemos de nuestros errores y templamos el raciocinio. Solamente un vicio acostumbra a destacar la vejez: contar nuestras posesiones más de lo necesario. Así que, si eso es lo que te preocupa, no dudes que con los años estará corregido.

DÉMESA   ¡Los dioses quieran que estas bellas palabras, y esa visión tuya no nos haga perderlo todo!

MICCIÓNA   Tranquila y por una vez confía en mí. Y, ¡por Móstoles!, cambia esa cara que tienes, haz el favor.

DÉMESA   Correcto. Pero no dudes que mañana nos iremos al campo...

MICCIÓNA   Me parece perfecto.

DÉMESA   Y la citarista se viene con nosotros.

MICCIÓNA   Como desees. De esa forma, tendrás a tu hijo atado en corto, solamente te tendrás que ocupar de mantener a la citarista.

DÉMESA   De eso me encargaré y también me encargaré de que muela trigo, haga la siembra, siegue todo el prado, cocine, limpie, cosa, encale las paredes, cuide el ganado....

MICCIÓNA   Veo que lo vas entendiendo.... Y yo, sin duda, también lo castigaría a acostarse con ella.

DÉMESA   No te quepa duda…

MICCIÓNA   Vamos pues dentro a hacer los preparativos…

(MICCIÓNA *entra en su casa.*)

Escena 4
Démesa.

DÉMESA ¡Qué injusta es la vida! Mi hermana siempre tuvo una vida ociosa, no puso normas, nunca se enfrentó a nadie, siempre con una sonrisa, ha vivido como ha querido. Gasta sin miramientos, ha vivido por y para ella, y todos la elogian y la quieren. Yo, en cambio, he sido una mujer obtusa, llena de normas, límites y obligaciones. He vivido por y para mis hijos y este es el fruto que recojo de mi trabajo... Mi hermana, sin esfuerzo, es la madre que ellos quieren y a mí me esquivan... A ella le confiesan sus miedos y a mí me ignoran... ¡Nunca más! Voy a comportarme como ella. Yo también sé hablar con una sonrisa y adular a las personas. Solo deseo que mis hijos me quieran igual que la quieren a ella. Y, si para ello tengo que gastar todo lo que tengo, no me importa, que yo ya soy vieja. Bueno, tampoco es eso, que yo todavía... tengo un empujón.

Escena 5
Démesa – Siro.

SIRO	Démesa, haz el favor de esperar un segundo. Tu hermana quiere hablarte.
DÉMESA	¡Por favor, si es mi apreciado Siro! ¿Cómo te va, hermoso?
SIRO	Genial.
DÉMESA	Me alegro. (*Aparte.*) He empezado a utilizar tres palabras que nadie se espera de mí: «hermoso», «Cómo te va» y «mi apreciado" (*A* SIRO.) De verdad que eres un magnífico esclavo, me encantaría encontrar la manera de recompensarte con algo.
SIRO	(*Con desconfianza.*) Sería algo fabuloso.
DÉMESA	(*Nota la desconfianza de* SIRO.) No lo dudes mi apreciado Siro que ocurrirá.

Escena 6
Démesa – Geta.

GETA   (*Desde la puerta de la casa de* SÓSTRATA, *habla hacia dentro.*) Voy a casa de Miccióna a ver cuando vienen a por Pánfila. (*Se ríen todos. Ve a* DÉMESA.) ¡Que te protejan los dioses, Démesa!

DÉMESA   ¡Oh…! (*Se da cuenta de que no sabe su nombre.*) Disculpa mi torpeza, ¿cuál era tu nombre?

GETA   Geta.

DÉMESA   Geta, Me he dado cuenta de que eres alguien con un valor incalculable. No hay mejor esclavo que el que mira por el bienestar de sus amos y, es innegable, que en eso no hay quien te supere. Y, mira por dónde, hoy me siento espléndida y como eres alguien magnífico me gustaría recompensarte con algo. (*Aparte.*) Creo que esto de ser amable va por buen camino…

GETA   Démesa, me emocionan tus intenciones, sin duda eres un ser de luz.

DÉMESA   (*Aparte.*) Sin duda esto está funcionando.

Escena 7
Démesa – Esquino.

DÉMESA	¡Querido Esquino!
ESQUINO	Querida madre, ¡estás aquí!
DÉMESA	¡Sí! Tu querida madre, la que te quiere más que a todas las cosas, vengo a decirte que ¿por qué no llevas a Pánfila a tu casa con el bebé?
ESQUINO	Me encanta, madre. Sabias palabras las tuyas.

Escena 8
Démesa – Esquino – Miccióna.

MICCIÓNA   ¡Qué he escuchado! ¿De verdad que propones esto, querida hermana?

DÉMESA   Claro, yo solo quiero que esta unión forme una sola familia, unida y preciosa y, entre todos, la cuidemos y hagamos de ella algo maravilloso.

ESQUINO   Es lo que deseo, madre.

MICCIÓNA   Me parece bien.

DÉMESA   Creo que para ser justos tendríamos que hacer algo más.

MICCIÓNA   ¿No es suficiente con que vengan todos a casa?

DÉMESA   ¿Y la pobre Hegiona? Mujer buena, sola, tiesa, que es casi como de la familia, quizás habría que darle alguna cosilla…

MICCIÓNA   ¿Cómo que darle alguna cosilla?

DÉMESA   ¿Qué te parece si le das el campito ese que tienes arrendado a un desconocido a las puertas de la ciudad? Allí pasará su vejez en buenas condiciones.

MICCIÓNA ¿Cómo que el campito? ¡Tiene dos mil hectáreas!

DÉMESA ¡Qué importa que sea grande el campito!

MICCIÓNA Aunque no entienda lo que está pasando, si Esquino quiere, así se hará...

ESQUINO ¡Tengo a las dos mejores madres del mundo!

DÉMESA Cada día nos parecemos más, hermana.

Escena 9
Démesa – Miccióna – Esquino – Siro.

DÉMESA   Siro, también creo que es justo que después de todos tus servicios seas liberado.

SIRO   ¡La verdad que no me parece mala idea lo que Démesa propone!

DÉMESA   Es lo menos que podemos hacer después de todo lo que has colaborado para que mis hijos estén bien.

SIRO   ¡Nunca vi mujer más maravillosa!

MICCIÓNA   ¿También deseas esto, Esquino?

ESQUINO   Sí, se lo merece.

MICCIÓNA   Aunque no entienda que está pasando, eres libre.

SIRO   ¡Que los dioses te protejan, maravillosa Démesa!

DÉMESA   Gracias.

MICCIÓNA   ¡Por Móstoles! Aunque no entienda nada, así se hará. Pero…

DÉMESA	Nunca te lo he dicho, pero ¿qué castaña es eso de, ¡por Móstoles!? ¡Aquí se dice ¡por Pólux! o ¡por Júpiter!
MICCIÓNA	Una costumbre que cogí hace años. Que no me haya casado no significa que no haya conocido varón, y una vez con un marinero de Iberia, que era muy gracioso y lo decía todo el rato..., pero esa es otra historia... ¡Y no me cambies de tema! Qué está ocurriendo, Démesa, ¿a qué se debe este cambio de actitud?
DÉMESA	Seré clara hermana: Estoy harta de que todos te quieran llevando una vida dadivosa, complaciente y sin compromisos, sin duda yo llevando una vida opuesta a la tuya no he conseguido tales favores. Esquino, si pensáis que mi vida es odiosa por no agasajaros con todos vuestros caprichos, haced lo que os venga en gana. Pero si en algún momento necesitáis alguien que os guíe en vuestra juventud, sabed que estaré encantada de reprenderos en vuestras acciones para que crezcáis como personas honradas.
ESQUINO	Tienes razón madre, sabemos que todo lo que haces es por nuestro bien, te daremos el lugar que te mereces. Pero ¿qué pasará con mi hermano?
DÉMESA	Las comedias han de terminar bien, así que no puedo hacer otra cosa que dejar a tu hermano que se lleve a la citarista a casa.

MICCIÓNA   Estoy emocionada y todo, nadie podrá decir que no me ocurren historias increíbles.
De hecho, me trae a la memoria aquella vez
que siendo joven viajando por la Capado-
cia me encontré con una familia que nece-
sitaba de una parturienta y... Bueno, eso es
otra historia... y esa sí que fue buena... ¡Por
Móstoles!

¡Ssssssshhhhhhhhhhh!

Haz del teatro algo íntimo

Llévalo siempre en el bolsillo

Cubierta y diseño editorial: Éride, Diseño Gráfico
Dirección editorial: ángel jiménez
Coordinador de la colección: Javier Llanos

Primera edición: junio, 2025

los hermanos
© VdB, 2025
Espronceda, 5
28003 Madrid

VdB

ISBN: 979-13-87644-27-7
Depósito Legal: M-13355-2025
Diseño y preimpresión: Éride, Diseño Gráfico

Este libro protege el entorno

los hermanos

Publio Terencio Afro

Autor de comedias durante la república romana. Se desconoce la fecha exacta de su nacimiento, aunque Suetonio menciona que murió en 159 a. C. a la edad de treinta y cinco años. Esto da el año 194 a. C. como fecha de su nacimiento. Terencio, de origen bereber, nació como esclavo romano –tomó su nombre del senador Terencio Lucano, en cuya casa sirvió como esclavo– pero fue liberado por este debido a que despertó admiración dadas sus extraordinarias cualidades. Posiblemente y debido a su nombre Afer –el africano– sea oriundo de Cartago.

Sus comedias se estrenaron entre 170 y 160 a. C. A lo largo de su vida escribió seis obras, todas conservadas: Andria (*La Andriana* o *La muchacha de Andros,* 166 a. C.); Hecyra (*La suegra,* 165 a. C.); Heautontimorumenos (*El atormentador de sí mismo,* 163 a. C.); Phormio (*Formión,* 161 a. C.); Eunuchus (*El eunuco,* 161 a. C.) y Adelphoe o Adelphi (*Los hermanos* o *Adelfos,* 160 a. C.). La primera edición impresa de las comedias de Terencio data del año 1470 en Estrasburgo, mientras que no existe constancia de puestas en escena de sus obras hasta 1476, año en el que se representa en Florencia *Andria.*

Su popularidad durante la Edad Media y el Renacimiento está atestiguada por la gran cantidad de manuscritos que contienen sus obras o parte de ellas.

PUBLIO TERENCIO AFRO

los hermanos

Traducción de Pedro Simón Abril,
refundida por V. Fernández Llera.

Publicación: Biblioteca Virtual Miguel
de Cervantes, 2005
Publicación original: Madrid, Librería de la
Viuda de Hernando y Cia., 1890.

Esta obra fue representada por primera vez en el año 160 a. C.,
en los juegos celebrados con motivo de los funerales
del general y político romano
Lucio Emilio Paulo Macedónico.

Personas

MICIÓN	viejo, hermano de Demea, padre adoptivo de Equino.
DEMEA	viejo, hermano de Mición, padre de Esquino y de Tesifón.
SANNIÓN	mercader de esclavos.
ESQUINO	joven, hijo de Demea, adoptado por su tío Mición.
SIRO	esclavo de Esquino.
TESIFÓN	joven, hijo de Demea, hermano de Esquino.
SOSTRATA	madre de Pánfila.
CANTARA	nodriza de Pánfila.
GETA	esclavo de Sostrata.
HEGIÓN	viejo, pariente de Pánfila.
DROMÓN	esclavo de Mición.
PÁNFILA	hija de Sostrata.

Personas que no hablan

CALIDIA	esclava robada por Esquino.
PARMENÓN	esclavo de Esquino.
ESTORAX	esclavo de Mición.

Prólogo

Toda vez que el poeta ha visto que gentes malévolas andan royendo sus escritos, y que sus enemigos procuran desacreditar la comedia que vamos a representar, él se denunciará a sí mismo. Vosotros juzgaréis si lo que ha hecho es digno de aplauso o de censura. Hay una comedia de Difilo, llamada *Synapashnescontes*. Tradújola Plauto y llamola *Commorientes*. En la griega se introduce un mancebo que a un rufián le quita por fuerza una ramera. Plauto dejó sin traducir este lugar, que nuestro poeta tomó para *Los Hermanos*, y tradujo palabra por palabra. Esta comedia nueva es la que vamos a representar. Vedla y juzgad si aquí hay hurto, o si el poeta ha utilizado una escena que se omitió por descuido. Cuanto a lo que esos maliciosos dicen, que ilustres personajes le ayudan y a la continua son sus colaboradores, eso que a ellos les parece una gran injuria, el poeta lo tiene a mucha honra, pues agrada a aquellos que a todos vosotros y al pueblo romano supieron agradar, y que, sin arrogancia, prestaron sus servicios a quienquiera que los hubo menester en la guerra, en la administración y en los negocios. Por lo demás, no aguardéis el argumento de la comedia. Parte de él declaran los viejos que van a aparecer en la primera escena: la acción

mostrará lo demás. Procurad que vuestra be-
nevolencia dé ánimos al autor para componer
otras comedias.

Acto I
Escena I
Mición.

MICIÓN   (*A la puerta da su casa, hablando a un siervo, que está dentro.*) ¡Estorax!... ¿No volvió Esquino anoche de la cena? ¿Ni criado ninguno de los que fueron por él? Realmente que es verdad lo que dicen comúnmente: que cuando uno está de alguna parte ausente, o se detiene allá, le vale más que le acaezca lo que de él dice su mujer, o lo que de él imagina en su pensamiento muy colérica, que no lo que los padres amorosos. Tu mujer, si te detienes, o piensa que andas en amores, o en banquetes, y dándote buena vida; y que para ti sólo son los goces y ella pasa los trabajos. Pero yo, por no haber vuelto mi hijo, ¡qué de cavilaciones! ¡Qué de cosas ahora me dan congoja! Que se me haya resfriado; que haya caído en alguna sima; que se haya lisiado en su persona. ¡Bah!, ¿qué hombre habrá en el mundo que tenga en su corazón cosa más amada que cada uno es de sí mismo? Además, este no es hijo mío, sino de mi hermano; el cual, desde su mocedad, es de condición muy diferente a la mía. Yo seguí esta vida ociosa y tranquila de la ciudad, y jamás he sido casado; cosa que por ahí se tiene a dicha. Él, por el contrario, quiso más vivir en el campo, y darse una vida de escasez y de

trabajos. Casose; naciéronle dos hijos, de los cuales tomé yo por adoptivo este mayor. Hele criado desde niño; hele tenido y querido como si fuera mío; él es todas mis delicias; sólo él es mi amor. Procuro con diligencia que él también me quiera; doyle cuanto necesita, pásole muchas cosas, pues no tengo para qué tratarle en todo con rigor. Finalmente, las cosas que otros hacen a espaldas de sus padres, que son aquellas que la mocedad trae consigo, hele vezado a mi hijo a que no me las encubra. Porque el que se acostumbrare a mentir, o se atreviere a engañar a su padre, tanto más se atreverá a todos los demás. Yo creo que es mejor que los hijos cumplan su deber enfrenados por la vergüenza y benignidad, que con rigor. Esto no le cuadra a mi hermano, ni le parece bien. Cien veces me ha venido dando voces: «¿Qué haces, Mición?, ¿por qué nos echas a perder este mozo?, ¿por qué anda en amores?, ¿por qué en banquetes?, ¿por qué le das tú para todo esto qué gastar? Llévasle muy pintado de vestidos: Eres demasiadamente simple». Y él también es demasiadamente riguroso: más de lo que pide la razón. Y a mi parecer va muy engañado el que piensa que es más firme y más seguro el señorío que se administra con rigor, que el que con amor se atrae. Mi parecer es este, y yo así lo entiendo: que el que hace su deber, forzado por castigos, mientras teme que se sabrán sus culpas, guárdase; pero, si confía que se podrán encubrir, a su condición se vuelve. Pero el que

atraéis por amor, hácelo de voluntad, procura pagaros en lo mismo; en presencia y en ausencia será el mismo. Este es el oficio del padre: antes vezar al hijo a que haga su deber de buena voluntad, que por temor de nadie. Tal es la diferencia entre el padre y el señor; y el que no la pueda observar, confiese que no sabe criar hijos. (*Viendo a* DEMEA.) ¿Pero es por dicha este el mismo de quien trataba? Realmente que es él. No sé de qué está triste, creo vendrá ya a reñir conmigo, como suele. Huélgome, Demea, de verte en salud.

Escena II
Demea, Mición.

DEMEA   ¡Oh, a buen tiempo! En tu misma busca vengo.

MICIÓN   ¿De qué estás triste?

DEMEA   ¿Donde Esquino está de por medio, me preguntas de qué estoy triste?

MICIÓN   (*Aparte.*) ¿No lo decía yo?... (*Alto.*) ¿Qué ha hecho Esquino?

DEMEA   ¿Qué ha hecho? Que ni tiene vergüenza de nada, ni temor a nadie, ni hace cuenta que ha de estar sujeto a ley ninguna. Porque, sin hablar de sus pasadas picardías, ¿qué piensas que ha hecho ahora?

MICIÓN   ¿Qué es ello?

DEMEA   Ha quebrado puertas, y ha entrado por fuerza en casa ajena, y al dueño de ella, y a toda su familia los ha maltratado, hasta dejarlos por muertos; ha quitado por fuerza una mujer de quien él está enamorado. Todos a voces dicen haber sido muy mal hecho. ¿Cuántos piensas, Mición, que me lo han dicho viniendo? No se

habla de otro en toda la ciudad. Y si compararse puede, ¿no ve a su hermano cuán solícito está en su hacienda, y cómo se está en su granja reglado y moderado, y cómo no hace nada de esto? Lo que a él le digo, Mición, a ti te lo digo: que tú le dejas perderse.

MICIÓN   La cosa más injusta del mundo es un hombre necio, porque nada tiene por bueno, salvo lo que él hace.

DEMEA   ¿A qué viene eso?

MICIÓN   A que tú, Demea, no eres en esto buen juez. Créeme que no es maldad que un mancebillo ande entre mujeres, ni menos en banquetes, ni que quiebre las puertas. Y si tú y yo no hicimos travesuras semejantes, fue porque la pobreza no nos dio lugar de hacerlas. ¿Y tú ahora alábaste de lo que dejaste de hacer por necesidad? Esto es injusto; porque si tuviéramos con qué, también lo hiciéramos. Y tú, si fueses cuerdo, a tu hijo le dejarías ahora hacer todo esto, que a su edad es lícito, y no le darías ocasión de esperar a que estés bajo de tierra, para hacerlo entonces, cuando ya no le esté bien.

DEMEA   ¡Oh, soberano Júpiter! ¡Tú, hombre, vas a volverme loco! ¿Qué, no es maldad que un mozuelo haga estas cosas?

MICIÓN   ¡Ah!, óyete. No me rompas más sobre esto la cabeza. Tú ya me diste tu hijo por hijo

adoptivo, ya él quedó por mío. Si él en algo yerra, Demea, a mi daño lo yerra, y de ello a mí me tocará la mayor parte. ¿Gasta?, ¿bebe?, ¿lleva perfumes? De mi hacienda lo hace. ¿Tiene amiga? Yo le daré para ello dinero, mientras pueda, y mando no, ya le echarán ellas de casa. ¿Ha quebrado puertas? Se harán otras. ¿Ha rasgado ropa? La zurciremos. Gracias a los dioses, hay de qué, y hasta ahora no me da mucha pena. Finalmente, o déjame hacer, o busca cualquier árbitro, que yo te probaré que en esto mucho más lo yerras tú que yo.

DEMEA   ¡Ay de mí! Aprende a ser padre, de aquéllos que lo saben ser de veras.

MICIÓN   Por naturaleza, su verdadero padre lo eres tú; por los consejos, yo.

DEMEA   ¿Tú le aconsejas en nada?

MICIÓN   ¡Ah, si perseveras... me iré!

DEMEA   ¿Eso harás?

MICIÓN   ¡Pues qué!, ¿tengo de oír tantas veces una misma cosa?

DEMEA   Es que me da cuidado.

MICIÓN   Y a mí también me lo da; pero, Demea tengamos cada uno cuenta con su justa parte, tú con el uno y yo con el otro. Porque cuidar tú

de ambos, casi casi es tornarme a pedir el hijo
que me diste.

DEMEA   ¡Ah, Mición!

MICIÓN   A mí así me parece.

DEMEA   ¿Qué es eso? Si así lo quieres, derrame, destruya, piérdase él; que no me toca nada. ¡Si de
hoy más, palabra ninguna...!

MICIÓN   ¿Colérico otra vez, Demea?

DEMEA   ¿Y aún no lo crees? ¿Pídote por ventura el que
te di? Siéntolo, no soy ningún extraño; pero
si estorbo, desde luego me aparto. Quieres que
tenga cuenta con el uno, ya la tengo; y doy
gracias a los dioses, pues él es tal, cual yo le
quiero. Ese tuyo, él lo sentirá a la postre. Y no
digo más.

Escena III
Mición, solo.

Mición   Aunque no hay para tanto, con todo eso no
deja de ser algo lo que dice, ni deja de darme
a mí alguna pesadumbre; pero no he querido
mostrarme pesaroso, porque es un hombre
que, con aplacarle y resistirle de veras, y es-
pantarle con todo eso, apenas lo toma con paciencia. Pues si yo le atizase su cólera y se la
acrecentase, perdería realmente el seso juntamente con él. Aunque no deja Esquino de ha-
cernos en esto algún agravio. ¿Qué ramera hay
con quien él no haya tenido sus amores o a
quien no le haya dado algo? Finalmente —
creo que de aburrido ya de todas— me dijo
poco ha que se quería casar. Confiaba yo que
ya se le había pasado el hervor de la mocedad,
holgábame, ¡y heos aquí ahora de nuevo...!
Pero yo quiero saber de cierto lo que pasa, y
verme con él, si está en la plaza.

ACTO II
Escena I
Sannión, Esquino, Parmenón, Calidia.
(*Los dos últimos personajes no hablan.*)

SANNIÓN   (*Corriendo tras* ESQUINO *y* PARMENÓN, *que se llevan a* CALIDIA.) ¡Suplícoos, vecinos, que favorezcáis a este infeliz, que no hace mal a nadie! ¡ Socorred a este pobre!

ESQUINO   (*A* CALIDIA.) Párate ahí; que ahí bien segura estás. ¿Qué miras? Nada temas; que este en mi presencia no te tocará.

SANNIÓN   ¡Yo a esa moza... a pesar de cuantos son...!

ESQUINO   Aunque es bellaco, no dará hoy ocasión para que le hayan de sentar la mano otra vez.

SANNIÓN   Esquino, óyeme; porque no digas después que tú no sabías mis costumbres. Hágote saber que yo soy mercader de esclavos.

ESQUINO   Ya lo sé.

SANNIÓN   Pero de tan buena fe, como otro haya habido donde quiera. No estimaré ni en esto (*Tócase con el pulgar la uña del índice.*) que tú después te me vengas con disculpas, diciendo que te pesa de que se me haya agraviado. Créemelo: Yo pediré mi justicia, y nunca tú me satisfarás

con palabras el daño que me has hecho por la obra. Que yo ya conozco todas vuestras excusas: «No quisiera que tal hubiera sucedido; yo juraré que tú no merecías este agravio», después de haberme hecho tan malos tratamientos.

Esquino (A Parmenón.) Ve delante, presto, y abre aquellas puertas.

(*Indicando la casa de su padre,* Mición.)

Sannión Como si callaras.

Esquino (A Calidia.) Acaba ya de entrar.

Sannión Digo que no lo consentiré.

Esquino Llégate allá, Parmenón; mucho te has alejado; ponte aquí junto de este. ¡Así, así! Mira que no quites tus ojos de los míos, para que sin tardanza, en cuanto yo te hiciere señas, le sientes el puro en la quijada.

Sannión Eso quisiera yo ver.

(Parmenón *le da una puñada.*)

Esquino ¡Ea!, guarda; suelta la moza.

Sannión ¡Oh, maldad!

Esquino Cata que no secunde.

(PARMENÓN *le sacude otra puñada.*)

SANNIÓN   ¡Ay, cuitado de mí!

ESQUINO   (*A* PARMENÓN.) No te había hecho señas; pero, en fin, más vale que lo yerres por allí. Éntrate ya.

(PARMENÓN *entra en casa con la esclava.*)

SANNIÓN   ¿Qué es esto? ¿Eres tú por dicha, Esquino, el rey de esta ciudad?

ESQUINO   Si lo fuera, llevaras el premio que merecen tus virtudes.

SANNIÓN   ¿Qué tienes tú conmigo?

ESQUINO   Nada.

SANNIÓN   Dime, ¿sabes quién soy yo?

ESQUINO   ¡Ni falta...!

SANNIÓN   ¿Hete tocado yo en lo tuyo?

ESQUINO   ¡Pobre de ti, si tal hicieras!

SANNIÓN   ¿Con qué derecho me quitas tú una moza, que a mí me costó mi dinero? Responde.

ESQUINO   Mira, Sannión, que no te me vengas con escándalos delante de la puerta; porque si perseveras

en ser pesado, haré que te arrebaten allá dentro y que te den una de azotes hasta reventarte.

SANNIÓN ¿Azotes a un hombre libre?

ESQUINO Como lo oyes.

SANNIÓN ¡Oh desalmado! ¿Y aquí es donde dicen que la libertad es igual para todos?

ESQUINO Si estás ya harto de hacer del borracho, rufián, óyete ya si quieres.

SANNIÓN ¿Yo he hecho del borracho, o tú más de veras contra mí?

ESQUINO Déjate de eso, y vamos al caso.

SANNIÓN ¿Al caso?, ¿a qué caso tengo de volver?

ESQUINO ¿Quieres ya que te diga una cosa que te cumple?

SANNIÓN Sí, con tal que ella sea justa.

ESQUINO ¡Bah!... ¡El rufián no quiere que yo le hable fuera de razón!

SANNIÓN Rufián soy, no lo niego; perdición de todos los mancebos, cifra del perjurio, peste de la ciudad; pero, con todo esto, a ti hasta ahora ningún agravio te he hecho.

ESQUINO   ¡Pues no faltaba más!

SANNIÓN   Torna, por favor, Esquino, a lo que comenzabas a decir.

ESQUINO   A ti te costó la moza veinte minas; ¡que mal provecho te haga! Eso mismo se te dará por ella.

SANNIÓN   ¿Y si yo no la quiero vender?, ¿me obligarás...?

ESQUINO   No, por cierto.

SANNIÓN   (*Con ironía.*) Temí que sí.

ESQUINO   Ni me parece que es bien que se venda la que es libre, porque yo, como a mujer libre, la defenderé en el litigio. Ahora mira cuál quieres más: si recibir en paz tu dinero o pleitear. Resuélvelo mientras vuelvo, rufián.

Escena II
Sannión, solo.

SANNIÓN ¡Oh, soberano Júpiter! No me maravillo de los que pierden el seso por agravios que les hacen. Hame sacado de mi casa, hame sacudido, a mi pesar se me ha llevado mi moza, y en pago de todas estas malas obras, me pide que se la dé por lo que me costó. ¡Cuitado de mí, que me ha dado más de quinientos bofetones! Pero, en fin, pues lo ha sudado bien, hágase lo que él quiere, su derecho pide. Ya yo deseo dársela, si me vuelve mi dinero. Pero yo adivino lo que será. Así que le diga que se la doy en tanto, él enseguida hará sus testigos de cómo se la he vendido. Y lo del dinero... un sueño. Luego dirá: «Vuelve mañana». Y aun esto lo podría sufrir, con tal que me lo diese. ¡Aunque es injusto...! Pero yo pienso lo que es, que pues uno ha tomado este comercio, ha de aguantar y callar el agravio que le hacen los mancebos. Pero nadie me dará nada; por demás estoy yo echando entre mí estas cuentas.

Escena III
Siro, Sannión.

SIRO   (*Sale de casa hablando desde la puerta a* ES-
            QUINO.) Calla, que yo me veré ahora con él
            (*Alude a* SANNIÓN.) y haré que lo tome de bue-
            na gana, y aunque diga que los dioses le han
            hecho merced. ¿Qué es esto, amigo Sannión,
            que me dicen que has tenido no sé qué brega
            con mi amo?

SANNIÓN   En mi vida la vi más desigual que la que hoy
            ha habido entre nosotros. Yo a recibir y él a
            sacudir, hasta que los dos nos cansamos.

SIRO   Por tu culpa.

SANNIÓN   ¿Qué había de hacer yo?

SIRO   Debiste complacer al mancebo.

SANNIÓN   ¿Qué más pude, pues hasta la cara le entre-
            gué?

SIRO   ¡Ea!, ¿sabes lo que te digo? Que el no hacer
            caso del dinero en su tiempo y lugar, es algu-
            nas veces más ganancia.

SANNIÓN   (*Con ironía.*) ¡Ya!

SIRO	¿Temiste tú, necio de toda necedad, que si cedías ahora un poquillo de tu derecho, y complacías al mancebo, no te cobraras con usura?
SANNIÓN	Yo no compro esperanza a trueque de dinero.
SIRO	En tu vida ganarás hacienda. ¡Taday, Sannión, que no sabes cebar a la gente!
SANNIÓN	Bien creo yo que debe de ser eso lo mejor; pero yo nunca fui en mi vida tan sagaz, que no quisiese más un «toma», que dos «te daré».
SIRO	¡Ea! Que ya yo sé tu condición ahidalgada, y que no harás caso de veinte minas, por darle gusto a este. Además, dicen que estás de partida para Chipre.
SANNIÓN	(*Sobresaltado.*) ¿Eh?
SIRO	Y que tienes muchas cosas compradas para llevar de aquí a allá. Y nave fletada: todo esto sé. Y ahora estás como colgado del pensamiento. Pero yo confío que, cuando vuelvas, arreglarás este negocio.
SANNIÓN	¡Yo a ninguna parte voy! (*Aparte.*) ¡Pobre de mí! ¡Con esta esperanza lo han ellos emprendido!
SIRO	(*Aparte.*) Temor tiene; pena le he dado al hombre.

SANNIÓN ¡Ah, pícaros! ¡Mira cómo me han cogido por las mismas coyunturas! Tengo preparado un cargamento de mujeres y otras muchas mercancías que llevo de aquí a Chipre. Si no voy allá a la feria, recibo muy gran daño. Y si ahora dejo esto, cosa perdida. Cuando de allá vuelva, todo será viento; ya el negocio se habrá enfriado. «¿Ahora te acuerdas? ¿Por qué lo has dilatado? ¿Dónde has estado?». De manera que me vale más perderlo que o detenerme ahora tanto tiempo, o pedirlo entonces.

SIRO ¿Has echado bien la cuenta de lo que entiendes que ha de volver a tu poder?

SANNIÓN ¿Es esta acción de un hombre como Esquino? ¿Esto ha de hacer él?, ¿quitarme la moza por fuerza?

SIRO (*Aparte.*) Ya cae. (*Alto.*) Sólo tengo que decirte una cosa, Sannión. Mira si te conviene. Antes de ponerte en peligro de cobrarlo o perderlo todo, pártelo por la mitad. Diez minas él las abarrerá de acá o de allá.

SANNIÓN ¡Oh, cuitado de mí! ¿Y aun mi dinero propio corre riesgo? No tiene vergüenza, ¿después de haberme crujido todos mis dientes, y además de haberme hecho toda la cabeza a golpes una levadura, y que sobro esto me defraude? No voy a ninguna parte.

SIRO   Como gustes. ¿Mandas algo, antes que me vaya?

SANNIÓN   Antes, Siro, lo que te suplico es que, como quiera que el caso haya sucedido, por no ponerme a pleitear, se me vuelva mi dinero. ¡Siquiera lo que me costó, Siro! Bien veo yo que hasta ahora tú no te has servido de mi amistad; pero tú dirás que soy hombre de memoria y agradecimiento.

SIRO   Yo lo haré con diligencia. Pero a Tesifón veo, alegre viene por la amiga.

SANNIÓN   ¿Y lo que te suplico?

SIRO   Aguarda un poco.

Escena IV
Tesifón, Siro.

TESIFÓN (*Sin ver a* SIRO.) De quienquiera se huelga el hombre de recibir un beneficio, cuando lo ha menester; pero lo más gustoso realmente es, cuando lo hace el que es justo que lo haga. ¡Oh, hermano, hermano mío! ¿Cómo alabarte yo ahora? Porque de cierto sé que nunca yo diré cosa tan ilustre que no le haga mucha ventaja tu virtud. Y así entiendo que en esto aventajo a todos los demás, en que no hay quien tenga un hermano tan principal en todas las más excelentes virtudes, como el mío.

SIRO (*Lo llama.*) ¡Tesifón!

TESIFÓN ¡Ah, Siro! ¿Dónde está Esquino?

SIRO Ahí le tienes, esperándote en casa.

TESIFÓN (*Muy alegre.*) ¡Oh!

SIRO ¿Qué es eso?

TESIFÓN ¡Qué ha de ser! ¡Que le debo la vida, Siro! ¡Bendito mancebo! Todo lo ha pospuesto en mi provecho: las injurias, la fama, mis amores y mi yerro, todo lo ha cargado sobre sí. No

podía hacer más. Pero ¿qué es esto? La puerta ha sonado.

SIRO   Espera, espera: él es quien sale.

Escena V
Esquivo, Sannión, Tesifón, Siro.

ESQUINO	¿Do está aquel roba-iglesias?
SANNIÓN	(*Aparte.*) Por mí pregunta. ¿Traerá algo? ¡Perdido soy!... ¡ Nada veo!...
ESQUINO	(*A* TESIFÓN.) ¡Hola!... A propósito, te buscaba. ¿Qué es eso, Tesifón? Todo está ya en salvo; echa ya de ti esa tristeza.
TESIFÓN	Sí; realmente la echo, de veras, pues tengo un hermano como tú. ¡Oh, Esquino mío! ¡Oh, hermano mío! ¡Ah! Empacho tengo de alabarte más en tu presencia, porque no pienses que lo hago más por manera de lisonja que de agradecimiento.
ESQUINO	¡Quítate allá, simple! ¡Como si ahora por primera vez nos conociésemos, Tesifón! Lo que me duele es haberlo yo sabido tan tarde, y casi haber venido a punto que, aunque todo el mundo quisiera, no te pudiera remediar.
TESIFÓN	Dábame vergüenza.
ESQUINO	¡Ah! No es esa vergüenza, sino necedad. ¡Por una cosa de tan poco momento, casi ausentarse

de la patria! Vergüenza es decirlo. Yo suplico
a los dioses que nunca tal permitan.

Tesifón   Errelo.

Esquino   (*A* Siro.) ¿Y, pues, qué dice el amigo Sannión?

Siro   Ya está más manso.

Esquino   Yo me iré a la plaza, a darle a este (*Señala a*
SANNIÓN.) su dinero. Tú, Tesifón, recógete allá
dentro con ella.

Sannión   Siro, dale prisa. (*A* Esquino, *en tono irónico.*) Vamos, porque este está de partida para Chipre.

Esquino   No tanta tampoco; que aquí estoy despacio
cuanto quieras.

Siro   Se te pagará, no temas.

Sannión   Pero que me lo pague todo.

Siro   Todo te lo pagará; calla ahora, y sígueme por
aquí.

Sannión   Ya te sigo.

(Esquino, Sannión *y* Siro *echan a andar en dirección a la plaza.*)

Tesifón   ¡Hola, hola, Siro!

SIRO	¿Eh?, ¿qué quieres?
TESIFÓN	Por tu vida, que despachéis cuanto antes a ese pícaro, porque si más se alborota, vendrá esto por alguna vía a oídos de mi padre, y yo quedaré entonces perdido para siempre.
SIRO	No sucederá tal. Ten buen ánimo. Tú, entre tanto, huélgate allá dentro con ella, y manda que se nos aparejen las mesas y que esté a punto todo lo demás. Yo, en concluyendo el negocio, me volveré a casa con la vianda.
TESIFÓN	Sí, te lo ruego, y pues todo nos ha salido bien, pasemos este día en contento y regocijo.

ACTO III
Escena I
Sostrata, Cantara.

SOSTRATA	Dime por tu vida, ama mía, ¿en qué parará esto?
CANTARA	¿En qué parará? A fe, que confío que tendremos buen suceso.
SOSTRATA	¡Ay, amiga mía, que ahora la comienzan a tomar los primeros dolores!
CANTARA	Ya estás con miedo, como si nunca te hubieses hallado en partos o nunca tú hubieses parido.
SOSTRATA	¡Desdichada de mí, que no tengo a nadie! Estamos solas. Geta no está aquí, ni tengo a quien enviar por la partera, ni quien me vaya a llamar a Esquino.
CANTARA	En buena fe que él estará luego aquí, porque jamás se pasa día ninguno sin que venga.
SOSTRATA	Él solo es el remedio de mis trabajos.
CANTARA	La cosa no pudo, señora, suceder mejor de lo que sucedió. Ya que hubo deshonra, que tocase precisamente a un hombre como aquél,

tan principal, de tan buena casta y condición, señor de una casa tan rica.

SOSTRATA Ello es en verdad como tú lo dices. A los dioses suplico que nos le tengan de su mano.

Escena II
Geta, Sostrata, Cantara.

GETA   (*Sin ver a las mujeres.*) Este es ahora un caso que, aunque todo el mundo se ponga a buscar remedio al mal, no podrá hallarle. El cual mal es para mí y para mi ama y para la hija de mi ama. ¡Oh, cuitado de mí! ¡Qué de cosas nos tienen a la vez cercados, sin que podamos escapar: la fuerza, la necesidad, la injusticia, el desamparo, la afrenta! ¿Esta es vida? ¡Oh, maldades! ¡Oh, malas castas! ¡Oh, hombre desleal...!

SOSTRATA   ¡Cuitada de mí! ¿Qué es esto, que veo venir a Geta tan alterado y tan deprisa?

GETA   (*Continúa.*) Al cual ni la fe, ni el juramento, ni la piedad detuvo ni dobló; ni aun el ver cuán cerca estaba el parto de la infeliz a quien él tan sin razón había deshonrado.

SOSTRATA   (*A* CANTARA.) No oigo bien lo que dice.

CANTARA   Por tu vida, Sostrata, que nos lleguemos más cerca.

GETA   ¡Ah, pobre de mí, que casi estoy fuera de juicio, según la cólera me abrasa! No quisiera yo más, sino toparme con toda aquella casa, para

descargar sobre ellos toda esta rabia, ahora que está fresca. Que por bien satisfecho me tendría, si solamente me viese yo vengado de ellos. Primeramente, le sacaría el alma al viejo, porque engendró un tan gran bellaco. Después, a Siro el promovedor. ¡Oh, de cuán diferentes maneras le despedazaría! Yo le arrebataría por medio patas arriba y daría con su cabeza contra el suelo, para que fuese sembrando los sesos por la calle. Al mozo le sacaría los ojos, y después daría con él en mi despeñadero. A todos los demás los derribaría, perseguiría, arrebataría, sacudiría, dejaría hechos una parva. Pero, ¿por qué no voy de presto a dar parte a mi ama de esta mala nueva?

SOSTRATA   (*A* CANTARA.) Llamémosle. (*Alto.*) ¡Geta!

GETA   (*Sin ver a* SOSTRATA.) ¡Bah!... Quienquiera que seas, déjame.

SOSTRATA   Soy yo: Sostrata.

GETA   (*Mira alrededor.*) ¿Qué es de ella? A ti misma te busco, a ti quiero; ¡oh, cuán a buen tiempo te has encontrado conmigo, señora mía!

SOSTRATA   ¿Qué es esto?, ¿de qué tiemblas?

GETA   ¡Ay de mí!

SOSTRATA   ¿De qué te alteras, amigo Geta? Toma aliento.

GETA	¡Del todo...!
SOSTRATA	¿Cómo del todo?, ¿qué es ello?
GETA	¡Perdidos somos! ¡Acabose!
SOSTRATA	¡Habla; dime, por tu vida, lo que es!
GETA	¡Ya...!
SOSTRATA	¿Qué ya, Geta?
GETA	Esquino...
SOSTRATA	¿Qué dices de Esquino?
GETA	... ¡ha perdido el amor a nuestra casa!
SOSTRATA	¡Ay, desventurada de mí! ¿Por qué?
GETA	Ha comenzado a enamorarse de otra.
SOSTRATA	¡Ay, desdichada de mí!
GETA	Y no lo hace muy de secreto; que él mismo se la ha quitado a un rufián, por fuerza, públicamente.
SOSTRATA	¿Estás seguro?
GETA	Seguro. Yo mismo, Sostrata, lo vi por estos ojos.

SOSTRATA   ¡Ah, desventurada de mí! ¿Qué hay ya que
            creer?, ¿de quién fiarás? ¿Es posible que nues-
            tro Esquino, el que era la vida de todas noso-
            tras, de quien colgaban toda nuestra esperan-
            za y salvación; el que hacía juramento que sin
            ella no podría vivir ni un solo día; el que de-
            cía que había de poner el niño en el regazo de
            su padre y pedirle de merced que le diese li-
            cencia para casar con ella...?

GETA   Señora, deja aparte ahora lágrimas, y mira lo
            que conviene hacer para en lo de adelante: si
            es bien que lo disimulemos, o que demos a al-
            guno parte de ello.

CANTARA   ¡Ay, amigo!, ¿y estás en tu seso? ¿Una cosa
            como esta te parece a ti que se debe descubrir
            a nadie?

GETA   A mí, cierto que no me lo parece, porque, cuan-
            to a lo primero, por la obra se ve que él ya no
            nos tiene buena voluntad. Pues si ahora des-
            cubrimos esto, yo sé bien que él negará. Tu
            honra y la vida de tu hija andará en lenguas.
            Además de esto, aunque él lo confiese, pues
            está aficionado a otra, no es cosa que convie-
            ne darle esta por mujer, y, por tanto, en todas
            maneras es menester que se calle.

SOSTRATA   ¡Ah!, ¡nunca!, ¡no haré tal!

GETA   ¿Qué intentas, pues?

SOSTRATA   Divulgarlo.

GETA   ¡Oh, señora mía, mira muy bien lo que haces!

SOSTRATA   Ya no puede ser más negro el cuervo que las alas. Cuanto a lo primero, ella no tiene dote. Además de esto, lo que había de ser su segunda dote, ya lo ha perdido: ya no puede cavarse por doncella. Este es el postrer remedio que nos queda, que si negare, aquí tengo conmigo por testigo la sortija que nos dejó. Finalmente, pues mi conciencia está segura de que en esto no tengo culpa ninguna, y que no hubo de por medio dinero ni otra dádiva que a mí ni a ella nos sea afrentosa, Geta, helo de probar.

GETA   Corriente. Hágase lo que tú dices, puesto que ello sea lo mejor.

SOSTRATA   Tú, con toda la diligencia posible, ve, y a Hegión, el tío de mi hija, dale cuenta de todo lo que pasa, porque este fue muy grande amigo de nuestro Simulo, y siempre nos ha querido mucho.

GETA   Y en verdad que no hay otro que mire por nosotros.

SOSTRATA   Ve tú, Cantara mía, ve corriendo a llamar a la partera, para que, cuando sea necesaria, no nos haga esperar.

Escena III
Demea; después, Siro.

DEMEA   ¡Perdido soy; que he entendido que mi hijo Tesifón se ha hallado con Esquino en el rapto de
la moza! ¡Cuitado de mí! ¡No me faltaría ya
más desventura sino que a este que tiene algu-
nas virtudes, pudiese el otro inducírmele a maldades! ¿Dónde le iría yo a buscar? Yo creo que
me le habrá llevarlo a casa de alguna mala mujer. No hay duda que le habrá persuadido aquel
pícaro. Pero allá veo ir a Siro. Este me dirá
dónde está. Pero este es del rebaño; si com-
prende que ando en busca de mi hijo, no me
lo dirá el verdugo. No le daré a entender que
quiero esto.

SIRO   (*Sin ver a* DEMEA.) Todo el caso de habernos
contado ahora al viejo, (*Alude a* MICIÓN.) cómo
había pasado. No vi en mi vida cosa más re-
gocijada.

DEMEA   (*Aparte.*) ¡Oh, Júpiter, qué necedad de hombre!

SIRO   Alabó a su hijo, y a mí, porque le había aconsejado, me dio las gracias.

DEMEA   (*Aparte.*) Reviento de enojo.

SIRO   Luego nos dio el dinero necesario y además media mina para gastar. Y a fe que ya la he empleado a mi gusto.

DEMEA   (*A los espectadores.*) Vedle. A tal como este debéis encomendarle lo que quisiereis que se negocie bien.

SIRO   ¡Oh, Demea, no te había visto! ¿Qué se hace?

DEMEA   ¿Qué se hace, me preguntas? No sé qué me diga de vuestra manera de vivir.

SIRO   Realmente que es tonta, lo digo de veras, y ajena de razón. (*Vuelto de espaldas a* DEMEA *se dirige a los criados de la casa.*) Dromón, limpia bien todos los demás pescados, y a ese congrio mayor déjale nadar un poco en el agua. Cuando yo vuelva se abrirá, antes no.

DEMEA   Unas maldades como estas se han de hacer!

SIRO   A mí, realmente, no me gustan, y mil veces grita contra ellas. ¡Hola, Estefanión! Haz que se remojen bien esos peces salados.

DEMEA   ¡Válgame la fe de los dioses! ¿Y tiénelo por ventura, por deporte, o piensa que le será, gran honra echar a perder a su hijo? ¡Oh, triste de mí! Ya me parece que estoy viendo el día en que, de pura necesidad, se ha de ir a alguna parte a servir al rey.

SIRO   ¡Oh, Demea! Eso es, a la fe, ser los hombres cuerdos; no solamente echar de ver lo que está delante de los pies, sino también las cosas por venir.

DEMEA   ¡Y qué!, ¿está ya en vuestra casa esa tañedora?

SIRO   Allá está.

DEMEA   Dime, ¿y hala de tener en casa?

SIRO   Creo que sí, según es su locura.

DEMEA   ¿Y eso hará?

SIRO   ¡Qué tonta mansedumbre de padre, y qué benignidad tan mala!

DEMEA   Cierto que me da vergüenza y pena de mi hermano.

SIRO   Nunca diferencia hay, Demea, de ti a él —y no lo digo porque estás delante—; pero muy mucha. Tú de pies a cabeza no eres nada sino la misma sabiduría; él un zote. ¿Dejarías tú al tuyo (*Alude a* TESIFÓN.) hacer cosas como estas?

DEMEA   ¡Si le dejaría...! ¿Seis meses antes que él intentase alguna picardía, no lo olería yo?

SIRO   ¿A mí me cuentas tú lo que es tu diligencia?

DEMEA	Yo suplico a los dioses me le conserven cual él ahora es.
SIRO	Según que cada uno quiere que sea su hijo, así lo es.
DEMEA	¿Y qué...?, ¿hasle visto hoy?
SIRO	¿A tu hijo? (*Aparte.*) Echarele a este a la granja. (*Alto.*) Rato ha, creo yo, que él debe entender en algo en la granja.
DEMEA	¿Sabes de cierto que está allá?
SIRO	¡Oh, como que yo mismo le acompañé!
DEMEA	Muy bien. Recelo tuve no se me arrimase por aquí.
SIRO	Y aun muy airado.
DEMEA	¿Por qué?
SIRO	Húbolas malamente con su hermano en la plaza por esta tañedora.
DEMEA	¿Díceslo de veras?
SIRO	¡Oh!, no se mordió la lengua. Porque casualmente estando contando el dinero, he aquí donde viene tu hombre de improviso, y comienza a gritar: «¡Oh, Esquino! ¿Y tú has de

cometer unas infamias como estas? ¿Tú has de hacer cosas tan ajenas de nuestro linaje?».

DEMEA   ¡Ah, de puro placer lloro!

SIRO   «No destruyes tú este dinero, sino tu propia vida».

DEMEA   Los dioses me le guarden. Yo confío que se ha de parecer a sus mayores.

SIRO   (*En tono ponderativo.*) ¡Oh!...

DEMEA   ¡Siro, de tales consejos está él embutido!

SIRO   ¡Bah! ¡Tal maestro se tiene él en casa de quien aprender!

DEMEA   Yo lo procuro sin descanso. No le paso cosa ninguna, amonéstole, y, finalmente, yo le mando que se mire en las vidas de todos como en un espejo, y que de ellos tome ejemplo para sí. «Harás esto, le digo».

SIRO   Muy bien.

DEMEA   «Te guardarás de aquello».

SIRO   Astutamente:

DEMEA   «Eso se tiene por honra».

SIRO   Esa es la cosa.

DEMEA   «Estotro por afrenta».

SIRO   Bien, bien.

DEMEA   Además...

SIRO   De veras que no tengo ahora lugar para escucharte. Porque he comprado unos peces a pedir de boca y he de mirar no se me pudran. Porque esto, Demea, tan gran falta es en nosotros, como en vosotros el no hacer lo que ahora decías. Y en cuanto puedo, de la misma manera les doy lecciones a los mozos de cocina: «Esto está salado; estotro, quemado; lo otro, final lavado; aquello bien; acuérdate para otra vez». Enséñoles lo que puedo conforme a mi poquillo saber. Finalmente, Demea, yo les mando que se miren en los platos, como en un espejo, y les advierto lo que se ha de hacer. Bien entiendo yo que es necedad todo esto que aquí hacemos; pero, ¡qué remedio!... Según que cada uno es, así le habemos de llevar la condición. ¿Mandas otra cosa?

DEMEA   Que los dioses os den mejor seso.

SIRO   ¿Tú te vas desde aquí a la granja?

DEMEA   Derecho.

SIRO   Porque... tampoco... ¿qué has de hacer tú aquí donde, si das un buen consejo, nadie te obedece?

DEMEA Cierto que de aquí me voy, pues aquel por quien yo había venido acá, fuese al campo. Con sólo aquél tengo cuenta: aquél me toca a mí. Pues mi hermano así lo quiere, de este otro él cuidará. ¿Pero quién es aquél que veo allá lejos? ¿Es, por dicha, Hegión, el de nuestra tribu? Si la vista no me engaña, realmente que es él. ¡Oh, qué hombre tan mi amigo desde que éramos niños! ¡Soberanos dioses, y cuán gran falta tenemos ya de ciudadanos tales como este! Hombre de antigua virtud y crédito. Cierto que este poco final procure a la ciudad. ¡Cómo me huelgo de ver que aún hay reliquias de aquella buena raza! ¡Oh! Aún da gusto vivir. Aguardarele, por saludarle y hablarle.

Escena IV
Hegión, Geta, Demea, Pánfila.

HEGIÓN	(*Sin ver a* DEMEA, *hasta que lo indica el diálogo.*) ¡Oh, soberanos dioses! ¡Qué infamia, Geta! ¿Qué me dices?
GETA	Pasa como te he dicho.
HEGIÓN	¿De una casa tan principal haber nacido un hecho tan villano? ¡Oh, Esquino, cierto que en esto no te pareces a tu padre!
DEMEA	(*Aparte.*) Debe haber oído algo de lo de la tañedora, y con ser extraño le duele, y a este otro, (*Alude a* MICIÓN.) con ser su padre, no le da ninguna pena. ¡Oh, triste de mí! ¡Y no estuviera él aquí cerca para que oyera esto!
HEGIÓN	(*A* GETA.) Si no hacen lo que es de razón, no se saldrán así con ello.
GETA	Toda nuestra esperanza, Hegión, cuelga de ti, no tenemos otro amparo. Tú eres nuestro valedor, tú nuestro padre. Aquél nuestro viejo a ti nos dejó encomendarlos al tiempo de morir. Si tú nos abandonas, perdidos somos.
HEGIÓN	No digas tal, que ni lo haré, ni entiendo que podría hacerlo píamente.

Demea	(*Aparte.*) Hablarle quiero. Guárdente los dioses, Hegión.
Hegión	¡Oh, en tu misma busca venía! Seas bien hallado, Demea.
Demea	¿Sobre qué...?
Hegión	Tu hijo mayor, Esquino, el que a tu hermano diste por adoptivo, ha hecho una cosa que no es, en verdad, de hombre de bien ni de hidalgo.
Demea	¿Qué es ello?
Hegión	¿Acuérdaste de Símulo, aquel amigo nuestro, de nuestra misma edad?
Demea	¿Cómo no?
Hegión	Esquino ha desflorado a una hija de este.
Demea	¡Oh!
Hegión	Espera, Demea, que aún no has oído lo peor del caso.
Demea	¿Y aún hay algo peor?
Hegión	Sí, peor; porque esto, en cierto modo, se pudiera sufrir; indújole la noche, el amor, el vino, los pocos años... ¡cosas de hombres! Mas cuando vio lo que había hecho, él, de su propia

voluntad, vino a la madre de la doncella llorando, rogando, suplicando, y dando su palabra y jurando que se casaría con ella. Perdonósele, callose, diósele crédito. La doncella de aquella fuerza quedó en cinta; ya ha entrado en los diez meses, y el muy hombre de bien —los dioses me perdonen—, hásenos habido una tañedora, para pasar la vida con ella y dejar a esta otra burlada.

DEMEA   ¿Y eso que me dices es cierto?

HEGIÓN   Ahí está la madre de la doncella, y la doncella misma, y el caso mismo y, en fin, este Geta, que, para conforme el ser de los esclavos, es buen siervo y diligente. Él las mantiene, él solo sustenta toda la casa. Cógele y aprisiónale y haz información del caso.

GETA   Y ábreme en canal, Demea, si ello no fue así. Finalmente, él no lo negará; hazle venir a mi presencia.

DEMEA   (*Aparte.*) Corrido estoy. Ni sé qué me haga, ni qué respuesta le dé a este.

(*Indicando a* HEGIÓN.)

PÁNFILA   (*Dentro.*) ¡Desdichada de mí! ¡Que me parten por medio estos dolores! ¡Juno Lucina, dame favor! ¡Sálvame, yo te lo ruego!

HEGIÓN   ¡Oh!... Dime, ¿está ya aquélla de parto?

GETA   Sí, en verdad, Hegión.

HEGIÓN   Mira, Demea. Aquélla ahora implora vuestra fidelidad; aquello a que la ley os obliga, otorgádselo de voluntad. Yo, pues, primeramente suplico a los dioses que esto se haga como a vosotros cumple. Pero si otra intención tenéis, yo, Demea, no puedo dejar de defender con todas mis fuerzas esta moza y la honra de aquel muerto. Él era mi deudo. Desde niños nos criamos juntos; en la guerra y en la paz siempre estuvimos juntos; juntamente padecimos gran pobreza. Por tanto, yo he de estribar, hacer y probar y, en fin, antes dejar la vida, que desampararlas. ¿Qué me respondes?

DEMEA   Hegión, yo me veré con mi hermano. El parecer que él en esto me diere, aquél seguiré.

HEGIÓN   Pues mira, Demea, que lo consideres de esta manera, que cuanto más fácilmente vosotros hacéis las cosas, y cuanto más poderosos, ricos, prósperos, ilustres sois, tanto más obligación tenéis de hacer de voluntad lo de razón, si queréis ser tenidos por buenos.

DEMEA   Vuélvete; que se hará todo lo que fuere de razón.

HEGIÓN   Esa obligación te queda. Geta, guíame allá dentro a casa de Sostrata.

   (*Vanse* HEGIÓN *y* GETA.)

DEMEA   (*Solo.*) ¡No pasan estas cosas sin haberlas anunciado yo! ¡Plega a los dioses que en esto pare! Pero aquella manera de vivir tan a rienda suelta ha de venir, a dar realmente en algún grave mal. Voy a buscar a mi hermano, para descargar sobre él esta cólera.

Escena V
Hegión.

HEGIÓN   (*A la puerta de la casa de* SOSTRATA.) Procura, Sostrata, tener buen corazón y dar ánimo a esa moza cuanto puedas. Yo me veré con Mición, si acaso está en la plaza, y le contaré por extenso el negocio como pasa, para que si determina hacer en esto lo que debe, lo haga; y si otro parecer tiene, me lo diga, con que yo sepa luego lo que en ello he de hacer.

Acto IV
Escena I
Tesifón, Siro.

TESIFÓN   ¿Dices tú que mi padre ha ido al campo?

SIRO   Rato ha.

TESIFÓN   ¿De veras?

SIRO   Dígote que está en la granja. Yo entiendo que él ahora debe de estar muy ocupado en alguna labor.

TESIFÓN   ¡Ojalá! ¡Sí! Porque como ello fuese sin peligro de su vida, yo querría que de tal modo se cansase, que en estos tres días no pudiera en ninguna manera levantarse de la cama.

SIRO   ¡Así sea, y aun mejor que eso, si cabe!

TESIFÓN   Siquiera porque realmente deseo en extremo pasar todo este día en alegría, como ya he comenzado. Y aquella granja, no por otra razón la aborrezco tanto, como porque está tan cerca. Porque si estuviera lejos, antes le tomara allá la noche, que pudiese volver acá otra vez. Pero ahora, en cuanto no me vea allí, yo sé bien que él acudirá acá al punto.

Me preguntará que dónde he estado, que no le he visto hoy en todo el día. ¿Qué le diré?

SIRO ¿No se te ocurre nada?

TESIFÓN Nada, nada.

SIRO Tanto peor. ¿Algún cliente, amigo o huésped no tenéis?

TESIFÓN Sí; ¿y qué...?

SIRO Di que has tenido que despachar algunos negocios por ellos.

TESIFÓN ¿No habiéndolo hecho? No es posible.

SIRO Lo es.

TESIFÓN Eso será excusa para el día; pero si me quedo aquí esta noche, Siro, ¿cuál le daré?

SIRO ¡Oh, cómo quisiera que estuviese en uso también el negociar de noche por los amigos! Tú sosiega tu corazón, que yo le entiendo muy bien el genio; cuando más quemado está, te le torno tan manso como una oveja.

TESIFÓN ¿De qué manera?

SIRO Gusta mucho de oír decir de ti alabanzas; yo te hago delante de él un dios; cuéntole las virtudes...

TESIFÓN   ¿Mías?

SIRO   Tuyas. Y en el mismo punto al hombre se le
               saltan de placer las lágrimas, como a una cria-
               tura. (*En voz baja.*) Pero, ¡hola! ¡Cata...!

TESIFÓN   ¿Qué es ello?

SIRO   El lobo en la conseja.

TESIFÓN   ¿Mi padre es?

SIRO   El mismo.

TESIFÓN   ¿Qué hacemos, Siro?

SIRO   Retírate tú ahora allá dentro; que yo lo reme-
               diaré.

TESIFÓN   Si te preguntare por mí, di que no me has vis-
               to; ¿hasme oído?

               (*Entra en casa de* MICIÓN.)

SIRO   ¿Quieres dejarme hacer a mí?

Escena II
Demea, Tesifón, Siro.

DEMEA   (*Sin ver a* TESIFÓN *ni a* SIRO.) ¡Realmente que soy hombre desdichado! Cuanto a lo primero, no hallo a mi hermano en parte ninguna; además de esto, yendo a buscarle, veo un peón que venía de mi granja, el cual me dice que no estaba allí mi hijo. No sé qué me haga.

TESIFÓN   (*Oculto en casa de* MICIÓN.) ¡Siro!

SIRO   ¿Qué dices?

TESIFÓN   ¿A mí me busca?

SIRO   Sí.

TESIFÓN   ¡Perdido soy!

SIRO   Ten buen corazón.

DEMEA   (*Sin verlos.*) ¡Qué desgracia mía es esta! ¿Pesar de la fortuna? No lo puedo entender, sino que creo que nací aposta para esto: para padecer trabajos. Yo soy el primero que siento nuestros males; yo el primero que lo sé todo; yo el primero que traigo las malas nuevas; yo solo soy el que, si algún mal sucede, lo padezco.

SIRO	(*Aparte.*) Risa me da el viejo. Él dice que es el primero que lo sabe, y él solo es el que todo lo ignora.
DEMEA	Ahora vengo a ver si acaso ha vuelto mi hermano.
TESIFÓN	(*Bajo.*) Siro, por tu vida, que mires no se nos entre acá de rondón.
SIRO	¿No callarás? Yo le detendré.
TESIFÓN	A fe que no lo confíe yo hoy de ti, sino que yo me encierre con ella. (*Alusión a* CALIDIA.) en algún aposento luego: esto es lo más seguro.
SIRO	En buen hora; pero con todo yo lo apartaré de aquí.
DEMEA	Pero he allá el bellaco de Siro.
SIRO	(*Grita, y como si no hubiera visto a* DEMEA.) Realmente que no habrá quien pueda durar en esta casa, si esto se ha de sufrir. Yo quiero saber cuántos amos tengo. ¿Qué desventura es esta?
DEMEA	(*Aparte.*) ¿De qué se queja aquél?, ¿qué quiere? (*Alto a* SIRO.) ¿Qué dices, buen hombre?, ¿está mi hermano en casa?
SIRO	¡Mala peste...! ¿Por qué me llamas buen hombre? ¿No ves como soy perdido?

DEMEA	¿Qué tienes?
SIRO	¿Eso me preguntas? Tesifón, a mí y a esa tañedora, a puñadas nos ha casi dejado por muertos.
DEMEA	¿Eh? ¿Qué me cuentas?
SIRO	Mira cómo me ha rasgado la boca.
DEMEA	¿Por qué?
· SIRO	Dice que por mi persuasión se ha comprado esta moza.
DEMEA	¿No me dijiste tú antes que le habías acompañado desde aquí hasta la granja?
SIRO	Y es verdad, pero después volvió hecho una fiera: no perdonó cosa. ¿No tuvo empacho de poner las manos en un viejo como yo, habiéndole yo traído no ha muchos años en mis brazos, siendo él pequeñito?
DEMEA	¡Bien, Tesifón; a tu padre sales! ¡Adelante; veo que eres un hombre!
SIRO	¿Qué te parece bien...? Pues a fe que si él es cuerdo, he aquí adelante se tenga sus manos comedidas.
DEMEA	(*Ponderando a* TESIFÓN.) ¡Eso es valor!

SIRO (*Con ironía.*) ¡Mucho! ¡Porque venció a una triste mujer y a mí, pobre esclavo que no me le osaba volver! ¡Mucho valor, sí!

DEMEA No lo pudo hacer mejor; de mi mismo parecer fue; que tú eres el autor de todo esto. Pero, ¿está mi hermano en casa?

SIRO No.

DEMEA Pensando estoy dónde le iría yo a buscar.

SIRO Yo sé dónde; pero no te lo diré hoy en todo el día.

DEMEA (*Indignado.*) ¿Eh? ¿Qué dices?

SIRO Lo que oyes.

DEMEA Menudillo he de hacerte la cabeza.

SIRO Pero es que no sé el nombre de aquel hombre..., aunque sé el lugar donde está.

DEMEA Di, pues, el lugar.

SIRO ¿Sabes esta lonja..., aquí junto a la carnicería..., a la parte de abajo?

DEMEA ¿Pues no he de saber?

SIRO Pasa por allí la plaza arriba derecho; cuando llegares al cabo, hay una cuesta, que tira hacia

abajo; derríbate por ella; después hay a esta mano un oratorio, y junto a él un callejón estrecho.

DEMEA   ¿Hacia qué parte?

SIRO   Allí donde hay también una gran higuera silvestre.

DEMEA   ¡Ya...!

SIRO   Pues camina por allí.

DEMEA   Pero ese callejón no tiene salida.

SIRO   Realmente que dices la verdad. ¡Bah!, ¿piensas que estaba en mi juicio? Equivoqueme. Torna otra vez a la lonja: por aquí, en verdad, irás mucho más pronto y hay menos donde errar. ¿Sabes la casa de Cratino, este que es tan rico?

DEMEA   Sí.

SIRO   Pues en pasándola, toma, a la mano izquierda la plaza adelante por aquí. Cuando llegares al templo de Diana, tira a la derecha, y antes de llegar a la puerta de la ciudad, junto al mismo abrevadero, hay un molino y enfrente una carpintería: allí está.

DEMEA   ¿Y qué hace allí?

SIRO   Ha dado a hacer unos lechos de campo con los pies de roble.

DEMEA   Sí, para vuestras comilonas. Bien, por cierto. Pero, ¿qué hago, que no voy a buscarle?

(*Vase.*)

SIRO   ¡Anda, anda; que yo haré que te canses hoy como tú lo mereces, viejo caduco! Esquino se detiene mucho, la comida se pierde, y Tesifón está enredado en sus amores. Pues yo también miraré por mí, porque me iré ya a la cocina, y echaré mano de lo mejor, y sorbiendo a traguillos, pasaré este día poquito a poquito.

Escena III
Mición, Hegión.

MICIÓN   Yo, Hegión, no hallo razón ninguna en este caso por qué hayas de alabarme tanto. Yo hago lo que debo, enmiendo el yerro que los míos han cometido. Si acaso no me tienes por alguno de aquellos a quienes les parece que se les hace muy grande agracio con pedirles cuenta del que ellos voluntariamente han hecho, y se quejan muy de veras de ello. ¿Y porque yo no he hecho lo mismo me das las gracias?

HEGIÓN   ¡Oh, no, en verdad! Nunca en mi pensamiento te tuve en otra reputación de lo que eres. Pero yo te suplico, Mición, que te vengas conmigo a casa de la madre de la doncella, y le digas lo mismo que a mí me has dicho a la mujer: cómo esta sospecha contra Esquino es por causa de su hermano, y que esa tañedora no es suya.

MICIÓN   Si eso te parece justo, o si así cumple que se haga, vamos.

HEGIÓN   Bien haces, porque le aliviarás la pena a la cuitada, que está deshaciéndose de dolor y desventura, y tú te portarás como quien eres. Aunque si otra cosa te parece, yo mismo le contaré a la mujer lo que ti me has dicho.

MICIÓN   No, sino que yo mismo iré.

HEGIÓN   Muy bien haces. Porque todos los que son de corta fortuna, yo no sé por qué son más suspicaces. Todo lo toman por afrenta, y como pueden poco, piensan que todo el mundo los desprecia. Y por esto, mejor será que tú mismo cara a cara les des esa satisfacción.

MICIÓN   Dices muy bien y muy gran verdad.

HEGIÓN   Sígueme, pues, allá, (*Indica la casa de* SOSTRATA.) por aquí.

MICIÓN   Con mucho gusto.

Escena IV
Esquino , solo.

Esquino Atormentado traigo el corazón. ¡Y que sea posible que así de súbito me haya sucedido tanto mal, que ni sepa qué haré de mí, ni qué dispondré! Todos mis miembros me están temblando de miedo; el alma se me ha pasmado de temor; en mi cabeza ningún consejo puede hacer asiento. ¡Oh!, ¿cómo me desligaría yo de un enredo tan grande? No lo sé. ¡Ahora se ha tenido de mí tanta sospecha! ¡Y no realmente sin ocasión! Sostrata piensa que yo he comprado para mí esta tañedora: esto me lo ha dicho la vieja. Porque casualmente yendo ella desde aquí a llamar a la partera, yo la vi y al punto allégomele, y pregúntole qué hacía Pánfila; si se le había presentado ya el parto; si iba por eso a llamar a la partera. Ella comienza a decirme a grandes voces: «¡Quita, quítatenos ya de aquí, Esquino! Harto tiempo nos has traído vendidas y engañadas. Basta ya la burla que tus buenas promesas nos han hecho». Yo, entonces, dígole: «¡Cómo es eso! ¿Qué dices, por tu vida? Ve en buen hora; tente aquélla que tanto te agrada». Luego entendí la sospecha que tenían; pero detúveme, por no decirle a aquella habladora nada de mi hermano por donde se viniese a descubrir. Y ahora, ¿qué haré? ¿Les diré que esta tañedora es

amiga de mi hermano? Esto en ninguna manera conviene, que en parte ninguna se diga. Pero de esto no hago cuenta. Posible es que no se descubra. La misma verdad del caso temo que no la creerán. ¡Tantas razones hay para lo contrario! Yo mismo fui el que la quité, yo el que pagué el dinero, a mi misma casa vino. Todo esto bien confieso yo que ha sido por mi culpa, y por no haberle descubierto yo a mi padre la manera como había este negocio sucedido; que él me hubiera dado licencia para casarme con Pánfila. Mucho me he dormido hasta ahora. ¡Ea, Esquino, despiértate! Porque este es el primer encuentro, quiero ir a hablarles y darles mi disculpa. Llegareme a su puerta. ¡Oh, pobre de mí! Las carnes me tiemblan siempre que llamo aquí: ¡Hola!, ¡hola! Esquino soy. Abrame alguien esta puerta de presto. No sé quién sale. Apartereme hacia acá.

Escena V
Micíón, Esquino.

MICIÓN   (*Sale de casa de* Sostrata.) Hacedlo de la manera que os he dicho Sostrata; yo me veré con Esquino, para que sepa cómo se ha tratado este negocio. Pero, ¿quién es el que ha llamado a esta puerta?

ESQUINO   (*Aparte.*) Mi padre es realmente. ¡Perdido soy!

MICIÓN   Esquino.

ESQUINO   (*Aparte.*) ¿Qué negocio tiene este en esta casa?

MICIÓN   ¿Has llamado tú a esta puerta? (*Aparte.*) Calla. Bien será burlarme de él un poco, pues jamás ha querido fiar de mí estos amores. (*Alto.*) ¿No me respondes nada?

ESQUINO   Yo no he llamado a esa puerta, que yo sepa.

MICIÓN   (*Con ironía.*) ¿No...? Ya me maravillaba yo que tú tuvieses que hacer aquí. (*Aparte.*) Colorado se ha puesto; buena señal es.

ESQUINO   Y tú, padre, por tu vida, ¿qué tienes que hacer aquí, dime?

MICIÓN	Yo nada en verdad. Un amigo me Ha traído acá ahora desde la plaza, para que le fuese valedor.
ESQUINO	¿En qué?
MICIÓN	Yo te lo diré. Moran aquí unas mujeres pobres... Creo no debes tener noticia de ellas, y aún lo sé de cierto, porque ha poco que se han pasado a vivir a este barrio.
ESQUINO	¿Qué más?
MICIÓN	Son una doncella y su madre.
ESQUINO	Sigue.
MICIÓN	Esta doncella es huérfana de padre. Este amigo mío es el pariente más cercano que ella tiene; las leyes le obligan a que se case con ella.
ESQUINO	(*Aparte.*) ¡Perdido soy!
MICIÓN	¿Qué es eso?
ESQUINO	No..., nada... Bien está; pasa adelante.
MICIÓN	El ha venido a llevársela consigo, porque mora en Mileto.
ESQUINO	¡Cómo! ¿A llevarse consigo la doncella?
MICIÓN	Sí.

ESQUINO	¿Hasta Mileto, por tu vida?
MICIÓN	Sí.
ESQUINO	(*Aparte.*) A mí me va a dar algo. (*Alto.*) Y ellas ¿qué dicen?
MICIÓN	¿Qué piensas que han de decir? Haz cuenta que nada. La madre ha fingido que la doncella ha tenido un muchacho, no sé de quién, porque ella no le nombra, y que el padre del chico es primero, y que no conviene casarla con este de Mileto.
ESQUINO	¡Y pues! Después de todo, ¿no te parece que ello es muy justo?
MICIÓN	No.
ESQUINO	¿Que no, por tu vida? ¿Acaso se la llevará de aquí, padre?
MICIÓN	¿Pues por qué no la ha de llevar?
ESQUINO	Creo, padre, que lo habéis hecho dura y cruelmente, y aún si se ha de decir la verdad, villanamente.
MICIÓN	¿Por qué?
ESQUINO	¿Por qué, me preguntas? ¿Qué corazón le quedará a aquel infeliz que primero ha tenido trato y amistad con ella —¡y qué sé yo si

el desdichado aún la quiere locamente!— cuando vea que de su presencia se la quitan y se la llevan de delante de sus ojos? ¡Muy mal hecho, padre!

MICIÓN   ¿Cómo es eso?, ¿quién se la prometió?, ¿quién se la dio?, ¿cuándo casó con él?, ¿quién fue el que lo trató?, ¿por qué tomó él mujer que no era suya?

ESQUINO   ¿Pues era razón que una moza de sus años se estuviese queda en su casa, aguardando que un pariente viniese desde Mileto acá por ella? Esto era justo, padre mío, que tú dijeras, y que defendieras.

MICIÓN   ¡Qué gracia...! ¿Contra el que me había traído por su valedor había yo de argüir? Pero, ¿qué nos va en eso a nosotros, Esquino?, ¿o qué tenemos que ver con ellos? Vámonos. ¿Qué es esto?, ¿por qué lloras?

ESQUINO   ¡Padre, por mi amor que me oigas!

MICIÓN   Esquino, todo lo he entendido ya, y lo sé porque te amo, y por esto cuido más de todo cuanto haces.

ESQUINO   ¡Así plega a los dioses que tú, por merecerlo yo, me ames, padre mío, mientras vivas, como a mí me pesa en el alma de haber cometido este yerro y como me avergüenzo!

Mición   En verdad que lo creo, porque conozco tu ahi-
          dalgada condición; pero recelo que eres har-
          to descuidado en ordenar tu vida. Porque, ¿en
          qué ciudad haces cuenta tú que vives? Des-
          floraste una doncella, la cual no fuera razón
          que la tocaras. Cuanto a lo primero, el delito
          fue grave, muy grave, pero, en fin, es de hom-
          bres. Otros tan buenos como tú lo han hecho
          muchas veces. Pero después de sucedido el
          caso, dime, ¿has, por ventura, echado de ver,
          o has mirado por ti qué es lo que habías de
          hacer, o por qué vía se había de hacer? Si te-
          nías empacho de decírmelo tú mismo, ¿cómo
          lo iba a saber yo? Mientras has estado perple-
          jo en esto, se te han pasado diez meses, te has
          comprometido a ti mismo, y a esa cuitada, y
          a tu hijo cuanto ha sido de tu parte. ¡Qué!
          ¿Pensabas que mientras tú dormías te habían
          de arreglar los dioses tus negocios, y que sin
          procurarlo tú se te había ella de venir a tu apo-
          sento? No quisiera que mostrases tal indife-
          rencia en lo demás. Anímate; que te casarás
          con ella.

Esquino   (*Muy alegre.*) ¡Cómo!

Mición   Digo que tengas buen ánimo.

Esquino   No, padre, dime, por tu vida, ¿búrlaste de mí
          ahora?

Mición   ¿Yo... de ti? ¿Por qué?

ESQUINO   No lo sé; sino que como deseo tanto que eso
               sea verdad, por eso temo más...

MICIÓN   Vete a casa y haz oración a los dioses, para
               que, mandes traer a tu mujer. ¡Camina!

ESQUINO   ¿Cómo? ¿Ya mujer?

MICIÓN   Sí, ya.

ESQUINO   ¿Ya?

MICIÓN   Ya; ve lo más presto que puedas.

ESQUINO   Todos los dioses me castiguen, padre mío, si
               yo no te quiero más ahora, que a mis ojos.

MICIÓN   ¿Y más que a ella?

ESQUINO   Tanto.

MICIÓN   Muy bien.

ESQUINO   Y el de Mileto, ¿qué se ha hecho?

MICIÓN   Fuese, desapareció, embarcóse. Pero, ¿por qué
               no vas...?

ESQUINO   Mejor es, padre mío, que tú vayas y hagas ora-
               ción a los dioses; porque yo tengo por cierto
               que cuanto tú eres mejor que yo, tanto ellos
               con mayor voluntad oirán tus ruegos.

MICIÓN

Yo me voy allá dentro a hacer que se apareje todo lo que es menester; tú, si cuerdo eres, haz como te he dicho.

ESQUINO

(*Solo.*) ¿Qué negocio es este? ¿Esto es ser padre? ¿Esto es ser hijo? Si mi hermano o mi compañero fuera, ¿qué más me pudiera complacer? ¿A un padre así no le he yo de amar y traerle metido en mis entrañas? Ah, de tal manera me ha puesto, con su benignidad, en perpetua obligación de no hacer a necias cosas que no le dé gusto; que a sabiendas yo me guardaré! Pero voyme allá dentro, por no ser yo mismo estorbo de mis bodas.

Escena VI
Demea, solo.

DEMEA   Molido vengo de andar. ¿Que el gran Júpiter os destruya, Siro, a ti y a tus indicaciones! He andado rastreando por toda la ciudad, hasta la puerta, hasta el abrevadero, ¿hasta dónde no...? Y ni allí había casa de carpintero, ni hombre que dijese que había visto a mi hermano. Ahora vengo con determinación de esperarlo en casa hasta que vuelva.

Escena VII
Mición, Demea.

Mición	(*A su hijo.*) Voy a decirles cómo por nosotros no hay demora.
Demea	Pero hele aquí. (*Alto.*) Rato ha que te busco, Mición.
Mición	¿Qué me quieres?
Demea	Te traigo noticia de otras grandes maldades de aquel honrado mozo.

(*Alude a* Esquino.)

Mición	¡Ya pareció el hombre!
Demea	Inauditas, criminales.
Mición	Acaba ya.
Demea	¡Ah, tú no sabes qué sujeto es!
Mición	Lo sé.
Demea	¡Ah, tonto! Tú debes de imaginar que yo hablo de la tañedora: Este delito es contra una doncella ciudadana.

MICIÓN   Ya lo sé.

DEMEA   (*Iracundo.*) ¡Oh!, ¿lo sabes y lo sufres?

MICIÓN   ¿Por qué no lo he de sufrir?

DEMEA   Dime, ¿no clamas...?, ¿no pierdes el juicio?

MICIÓN   No; yo más quisiera ciertamente...

DEMEA   Ha nacido ya un muchacho.

MICIÓN   Los dioses le hagan dichoso.

DEMEA   La moza no tiene nada.

MICIÓN   Así me lo han dicho.

DEMEA   ¿Y sin dote se ha de casar con ella?

MICIÓN   Llana cosa.

DEMEA   Y ahora, ¿qué haremos?

MICIÓN   Lo que el mismo caso pide, Haremos que pase
            a nuestra casa la doncella.

DEMEA   ¡Oh, Júpiter! ¿Y eso es lo que cumple...?

MICIÓN   ¿Pues qué otra cosa quieres que yo haga?

DEMEA   ¿Qué...? Ya que en realidad de verdad esto no te apena, a lo menos es propio de hombre aparentarlo.

MICIÓN   Pero es que ya tengo prometida la doncella; el negocio está concertado, y se hace hoy el casamiento, y ya les he quitado todo el temor. Esto sí que es más propio de un hombre.

DEMEA   ¿Y, pues, parécete a ti bien el caso, Mición?

MICIÓN   No, si yo lo pudiera estorbar; pero, pues no puedo, tómolo con paciencia. La vida de los hombres es como juego de tablas: Que si en el lance no sale lo que era menester, lo que por azar salió se ha de enmendar con la prudencia.

DEMEA   ¡Gentil maestro de enmiendas! Con esa tu prudencia se han perdido las veinte minas que se dieron por la tañedora, la cual, en la hora se ha de despedir o vendida o de balde.

MICIÓN   Ni la despediré, ni tengo gana de venderla.

DEMEA   ¿Pues qué harás de ella?

MICIÓN   En casa quedará.

DEMEA   ¡Oh, fe de dioses! ¿La ramera y la mujer en una misma casa?

MICIÓN   ¿Por qué no?

DEMEA   ¿Tú entiendes que estás en tu seso?

MICIÓN   Yo entiendo que sí.

DEMEA   Así los dioses me amen, como creo, según veo tu poco juicio, que lo harás por tener con quien cantar.

MICIÓN   ¿Qué hay que dudar en eso?

DEMEA   ¿Y la recién casada ha de aprender también esa habilidad?

MICIÓN   Es llano.

DEMEA   ¿Y tú entre ellas, asido de la cuerda, bailarás?

MICIÓN   Sí.

DEMEA   ¿Sí?

MICIÓN   Y tú también, Demea, juntamente con nosotros, si fuere menester.

DEMEA   ¡Ay de mí! ¿No te avergüenzas de decir cosas semejantes?

MICIÓN   ¡Ea! Deja ya estar tu cólera, Demea, y muéstrate, como es razón, alegre y voluntario en las bodas de tu hijo. Yo voy a hablar con ellos un momento; luego soy aquí.

(*Vase.*)

DEMEA   ¡Oh Júpiter!, ¿y esta es vida?, ¿y estas son costumbres?, ¿esto es seso de gente? La mujer
vendrá sin dote, la tañedora dentro, la gente
de casa gastadora, el mozo regalón, el viejo
loco desvariado. Aunque la misma salvación
quiera salvar y conservar esta casa, no podrá
de ninguna manera.

Acto V
Escena I
Siro, Demea.

SIRO   A buena fe, Sirete, que te has dado buen verde, y has hecho tu deber muy cumplidamente: ¡Jala! Pero, pues he satisfecho bien allá dentro a mi deseo, hame parecido salirme por acá fuera ahora un poco a pasear.

DEMEA   (*Aparte.*) ¡Mirad, si os parece, la muestra de buen gobierno de casa!

SIRO   (*Aparte.*) Pero he aquí do viene nuestro viejo. (*Alto.*) ¿En qué se entiende? ¿De qué estás triste?

DEMEA   ¡Ah, bellaco!

SIRO   ¿Ya vienes tú a derramar aquí palabras de sabiduría?

DEMEA   ¡Si fueras siervo mío...

SIRO   Fueras rico, Demea, y tuvieras bien segura tu hacienda.

DEMEA   ... yo haría que fueses escarmiento para todos!

SIRO   ¿Por qué?, ¿qué hice yo?

DEMEA   ¿Eso me preguntas? Entre la misma revuelta,
          y en un delito tan grave que apenas se ha po-
          dido reparar, ¿has comido y bebido, ladrón,
          como si hubiera sucedido algún gran bien?

SIRO   (*Aparte.*) ¡Pardiez, que me pesa de haber sa-
          lido acá!

Escena II
Dromón, Siro, Demea.

DROMÓN   (*SalE de casa de* MICIÓN.) ¡Hola, Siro...!, ¡que te ruega Tesifón que vuelvas!

SIRO   Vete de aquí.

DEMEA   ¿Qué dice ese de Tesifón?

SIRO   No, nada.

DEMEA   (*Indignado.*) ¡Ah, verdugo! ¿Y allá dentro está Tesifón?

SIRO   No.

DEMEA   ¿Cómo, pues, le nombra ese?

SIRO   Es otro Tesifón, un truhancillo, chiquitín..., ¿no le conoces?

DEMEA   Yo sabré...

SIRO   ¿Qué haces?, ¿a dó vas?

DEMEA   Déjame.

SIRO   ¡No vayas, por tu vida!

DEMEA   ¿No apartarás la mano, azotado?, ¿o quieres
         que te haga pedazos la cabeza?

SIRO   (*Solo.*) Fuese. ¡Un convidado, en buena fe no
         muy conveniente, en especial para Tesifón!
         ¿Qué tengo yo ahora de hacer, sino mientras
         estos enojos se apaciguan, irme entre tanto a
         un rincón, y allí dormir este vinillo? Harelo
         así.

Escena III
Micíon, Demea.

MICIÓN — (*SalE de casa de* SOSTRATA.) De nuestra parte, Sostrata, todo está ya a punto; como he dicho, podéis venir cuando quisiereis. ¿Quién ha dado tan gran golpe en mi puerta?

DEMEA — (*Desde casa de* MICIÓN.) ¡Ay de mí! ¿Qué haré?, ¿qué diré?, ¿qué gritos daré o a quién me quejaré? ¡Oh, cielo! ¡Oh, tierra! ¡Oh, mares de Neptuno!

MICIÓN — (*A un espectador.*) Ya ha entendido todo el caso, y de eso da gritos, no hay duda; riñas tenemos; acudir allá conviene.

DEMEA — Hele aquí do viene la perdición de mis dos hijos.

MICIÓN — ¡Ea!, refrena ya tu cólera y vuelve en ti.

DEMEA — Ya la he refrenado, ya he vuelto; dejo aparte pesadumbres. Tratemos sólo del caso. ¿No fue concierto entre nosotros, y aún por ti mismo propuesto, que ni tú tuvieses cuenta con mi hijo ni yo tampoco con el tuyo? Responde.

MICIÓN — Verdad es, no lo niego.

DEMEA   Pues, ¿por qué ahora hace convites en tu casa?, ¿por qué le recibes?, ¿por qué me le compras amiga, Mición? ¿Qué razón hay para que yo no haya de tener el mismo derecho contra ti que tú tienes contra mí? Pues yo no cuido del tuyo, no cuides tú del mío.

MICIÓN   No tienes razón.

DEMEA   ¿Qué no?

MICIÓN   Porque refrán antiguo es que entre los amigos todo ha de ser común.

DEMEA   ¡Guapamente! ¿Ahora salimos con esas?

MICIÓN   Óyeme, Demea, dos palabras, si no te es molesto. Cuanto a lo primero, si el gasto que tus hijos hacen te da pena, por mi amor que lo consideres entre ti de esta manera. Tú, al principio, a tus dos hijos los criabas conforme a la posibilidad de tu hacienda, porque creías que tus bienes para entrambos bastarían, y que yo me casaría sin duda. Echa, pues, ahora aquella misma cuenta antigua: conserva, adquiere, endura, y procura tú dejarles mucha hacienda. Esa honra téntela tú para ti. De mis bienes, que les han venido sin pensar, déjalos gozarse; del patrimonio no se te perderá una blanca. Lo que de mis bienes les quedare, haz cuenta que te lo hallas. Si todo eso, Demea, quieres considerar de veras, a mí y a ti y a ellos nos librarás de pesadumbre.

DEMEA   Lo de la hacienda pase; más las costumbres de los mozos...

MICIÓN   Tente, ya lo entiendo, a eso iba. Muchas señales, Demea, hay en el hombre por las cuales puede juzgarse fácilmente. Cuando dos hacen una misma cosa, puedes muchas veces decir: a este se le puede sufrir el hacer esto, y a estotro no se puede. No porque la cosa sea diferente, sino porque lo son los que la hacen. Y así, yo veo en ellos señales por donde confío que serán cuales deseamos. Yo veo que tienen discreción y juicio, y vergüenza donde conviene tenerla, y que se aman. Y es de ver realmente su condición y voluntad ahidalgada. El día que tú quisieres, los volverás al buen camino. Pero acaso temas que sean muy descuidados en conservar sus haciendas. ¡Oh, hermano Demea! Los viejos para todo lo demás somos más sabios por la edad; sola esta falta trae consigo a los hombres la vejez; que todos somos más codiciosos del dinero, de lo que conviene. Y así el tiempo les aguzará el deseo de adquirir.

DEMEA   ¡Plega a los dioses, Mición, que esas tus buenas razones y esa tu benignidad no dé con todo al traste!

MICIÓN   Calla, que no sucederá. Deja ya esos temores, huélgate hoy conmigo, alegra esa cara.

DEMEA	Pues el tiempo así lo requiere, habrelo de hacer; pero mañana, en amaneciendo, me iré de aquí con mi hijo a la alquería.
MICIÓN	Y aun antes que amanezca; solamente hoy te muestres de buen humor.
DEMEA	¿Y tengo de llevar allá conmigo esa tañedora?
MICIÓN	Procúralo, porque con ella tendrás tu hijo allí como atado a una estaca. Pero mira que me la guardes bien.
DEMEA	Eso yo lo procuraré y haré que ancle allí llena de hollín, de humo y de polvo de harina, a poder de cocer y de moler, y tras todo eso, a un sol de mediodía le haré espigar; más tostada te la tornaré y más negra que el carbón.
MICIÓN	Muy bien. Ahora me pareces hombre cuerdo. Y aun si yo fuese que tú, le haría a mi hijo que, aunque no quisiese, se acostase con ella.
DEMEA	¿Búrlaste de mí? ¡Dichoso tú, que esa alma, tienes! Yo siento...
MICIÓN	¡Ah!, ¿ya vuelves...?
DEMEA	Ya, ya me callo.
MICIÓN	Pues éntrate allá. Pasemos este día alegremente en lo que ya está determinado.

Escena IV
Demea, solo.

DEMEA Jamás ninguno echó tan bien la cuenta de su vida, que los negocios, los años y la experiencia no le enseñasen algo nuevo, y le avisasen de algo, de manera que lo que él se pensaba saber no lo supiese, y lo que tenía por mejor lo reprobase. Lo cual ahora a mí me ha acaecido, porque aquella vida áspera que yo hasta aquí he seguido, ahora que ya casi estoy al fin de la jornada, la condeno. ¿Y por qué? Porque la experiencia me ha enseñado que al hombre no hay cosa que le esté mejor que la benignidad y la clemencia. Que esto es verdad, por mí y por mi hermano lo puede entender quienquiera fácilmente. El siempre ha pasado su vida sin cuidados y en convites; benigno, manso, sin ofender a nadie, complaciendo a todos, ha vivido a su gusto, gastado a su gusto; todos le elogian, todos le aman. Yo soy el villano, el cruel, el triste, el escaso, el terrible, el duro. Cáseme: ¡Qué desdichas en el matrimonio! Naciéronme hijos: ¡Nuevos cuidados! Pues además de esto, procurando dejarles mucha hacienda, toda mi vida y mis años he gastado en adquirir. Y ahora, al cabo de ellos, el galardón de mis trabajos es ser aborrecido. Mi hermano, sin trabajo ninguno, goza de todas las ventajas de un padre con mis hijos: a él le

aman, de mí huyen; a él le dan parte de sus consejos; a él le tienen afición; ambos están con él, a mí me desamparan. A él le desean larga vida; tal vez codician mi muerte. De manera, que los que yo he criado con gran trabajo, él se los ha hecho suyos a poca costa. Yo llevo a cuestas todas las fatigas, y él se goza todos los contentos. ¡Ea, pues, probemos ahora al contrario, si podré yo decir alguna palabra amorosamente o hacer algo con benignidad, pues él me obliga a ello! Que también quiero yo ser amado, y estimado de los míos. Y si esto ha de ser dándoles y complaciéndoles, no seré yo de los postreros. ¿Y si falta? ¡A mí qué...! Para mí no faltará; que ya poca vida me queda.

Escena V
Siro, Demea.

SIRO   ¡Hola, Demea... que te ruega tu hermano que no te vayas lejos!

DEMEA   ¿Quién es...? ¡Oh, amigo Siro, estés en buen hora! ¿Qué se hace?, ¿cómo va?

SIRO   Muy bien.

DEMEA   Huelgo de ello. (*Aparte.*) Ya ahora he dicho tres palabras fuera de mi condición: Amigo, ¿qué se hace, cómo va? (*Alto.*) Ahidalgado siervo te muestras, y así haré por ti de buena gana.

SIRO   En merced te lo tengo.

DEMEA   Mira, Siro, que no es donaire esto, y antes de mucho lo verás por la obra.

Escena VI
Geta, Demea.

GETA   (*Saliendo de casa de* SOSTRATA.) Señora, yo voy a dar aviso a estos (*Alude a* MICIÓN *y a* ESQUI-NO.) para que vengan luego por la doncella. Pero ¡he aquí a Demea! ¡Estés en hora buena!

DEMEA   ¡Hola!, ¿cómo te llamas?

GETA   Geta.

DEMEA   Geta, yo te he tenido hoy en mi pensamiento en reputación de hombre de mucho valer; porque aquel siervo es para mí de muy buena prueba, que tiene cuenta con las cosas de su señor, según he entendido que tú lo has hecho, Geta. Y por ello, en lo que fuere menester, haré por ti de buena voluntad. (*Aparte.*) Busco medios para ser afable, y bien me sale.

GETA   Hombre honrado eres en pensar así.

DEMEA   (*Aparte.*) Poco a poco voy ganando las voluntades de la gente baja primeramente.

Escena VII
Esquino, Demea, Siro, Geta.

ESQUINO   (*Sin ver a los demás.*) Realmente que me po-
nen a morir, pues quieren celebrar las bodas
con tanto cumplimiento, que todo el día se les
va en aparejar.

DEMEA   ¿Qué se hace, Esquino?

ESQUINO   ¡Oh, padre mío!, ¿y aquí estabas tú?

DEMEA   Sí, por cierto; tuyo de corazón y por naturaleza, y que te quiere más que a sus propios
ojos. Pero, ¿por qué no haces traer a casa a tu
mujer?

ESQUINO   Ya querría, sino que me hacen detener la que
ha de tañer la flauta y los que han de cantar
el himeneo.

DEMEA   ¡Quítate allá! ¿Quieres tú creer a este viejo?

ESQUINO   ¿En qué?

DEMEA   Deja estar todo eso: el himeneo, los convida-
dos, las antorchas y las músicas; haz que de-
rriben las tapias de esa huerta cuanto antes, y
pasa a tu mujer por ahí; haz de las dos casas

una sola, y tráete también acá la madre y toda la familia.

ESQUINO   Sí haré, padre gracioso.

DEMEA   (*Aparte.*) ¡Ea... ya me llaman gracioso! La casa le abrirán a mi hermano, traerá mucha gente, gastará largo: mucha cosa es todo esto. Pero, ¿qué se me da a mí? Yo, ya generoso, gano las voluntades. Ahora, Mición, manda que le dé luego de contado Babilón las veinte minas. Siro, ¿por qué no vas tú y lo haces?

SIRO   ¿Qué pues?

DEMEA   Ve y derríbalas. (*A* GETA.) Y tú, tráela.

GETA   Los dioses te lo paguen, Demea, pues que con tanta voluntad veo que quieres hacer bien a nuestra casa.

DEMEA   Entiendo que lo merecéis. (*A* ESQUINO.) Y tú, ¿qué dices?

ESQUINO   Que me parece lo mismo.

DEMEA   Más vale así, que traerla ahora acá por la calle, parida y enferma.

ESQUINO   No he visto mayor aviso, padre mío.

DEMEA   Así los gasto yo. Pero aquí sale Mición.

Escena VIII
Mición, Demea, Esquino.

MICIÓN (*A* SIRO *y* GETA, *que están dentro.*) ¿Mi hermano lo manda? ¿Dónde está él? ¿Tú mandas esto, Demea?

DEMEA Sí. Yo mando eso y todo lo demás con que litigamos toda una esta familia, y que la honremos, favorezcamos y juntemos.

ESQUINO Así te lo suplico, padre.

MICIÓN Lo mismo me parece a mí.

DEMEA Y aún es nuestro deber. Cuanto a lo primero, aquí está la madre de la mujer de Esquino...

MICIÓN ¿Y pues?

DEMEA Mujer de bien y de buenas costumbres...

MICIÓN Así dicen.

DEMEA Ya anciana...

MICIÓN Ya lo sé.

DEMEA A sus años ya no puede concebir. No tiene quién mire por ella. Está sola.

MICIÓN	(*Aparte.*) ¿Qué empresa es la de este?
DEMEA	Es razón que tú te cases con ella. Y que tú (*A* ESQUINO.) procures que se haga.
MICIÓN	¿Yo casarme?
DEMEA	Sí, tú.
MICIÓN	¿Yo?
DEMEA	Tú, digo.
MICIÓN	Deliras.
DEMEA	(*A* ESQUINO.) Si tú eres hombre, él lo hará.
ESQUINO	¡Padre mío!
MICIÓN	¡Cómo! ¿Y a este escuchas tú, asno?
DEMEA	¡Nada, nada; no hay escape!
MICIÓN	Desvarías.
ESQUINO	¡Hazme esta merced, padre mío!
MICIÓN	¿Estás loco? Quítate de aquí.
DEMEA	¡Ea!, dale a tu hijo ese contento.

MICIÓN	¿Tú tienes bueno el seso? ¡Al cabo de sesenta y cinco años he yo de ser novio, y casarme con una vieja consumida! ¿Eso me aconsejáis?
ESQUINO	Anda; ¡que yo se lo he prometido!
MICIÓN	¿Prometido? A la fe, amigo, haz tú merced de tu persona.
DEMEA	¿Pues qué dirías, si él te rogase alguna cosa de más importancia?
MICIÓN	¡Como si esta no fuese la mayor!
DEMEA	Accede.
ESQUINO	No seas pesado.
DEMEA	Acaba, prométeselo.
MICIÓN	¿No me dejarás?
ESQUINO	No, hasta recabar esto de ti.
MICIÓN	Fuerza es esta realmente.
DEMEA	Ea, Mición, hazlo cumplidamente.
MICIÓN	Aunque ello me parece cosa torpe y tonta, y disparate muy ajeno a mi manera de vivir, con todo eso, pues vosotros tanto lo queréis, sea.

ESQUINO	Bien haces. Con razón te quiero mucho.
DEMEA	(*Aparte.*) ¿Qué diría yo ahora? ¡Todo lo que quiero se hace!
MICIÓN	¿Hay más todavía?
DEMEA	Hegión es pariente muy cercano de estas, deudo nuestro, pobre; justo será que le hagamos algún bien.
MICIÓN	¿Qué bien?
DEMEA	Aquí tienes junto a la ciudad un campillo que arriendas a otro. Démoselo a este, que lo goce y disfrute.
MICIÓN	¿Poquillo es eso?
DEMEA	Aunque sea mucho, con todo eso se ha de hacer. Esta mujer le tiene en lugar de padre, es hombre de bien, es nuestro deudo; bien dado está. Finalmente, Micíón, yo ahora hago mía aquella sentencia que tú bien y sabiamente dijiste no ha mucho: vicio común de todos los viejos es el ser muy codiciosos de la hacienda. Esta falta debemos enmendarla. Dijiste muy gran verdad, y hase de cumplir por la obra.
MICIÓN	¿Qué duda hay en eso? Se le dará, pues Demea lo quiere.
ESQUINO	¡Padre mío!

DEMEA   Ahora eres tú de veras mi hermano, así en el alma como en el cuerpo.

MICIÓN   Huélgome de eso.

DEMEA   (*Aparte.*) Con su propia espada le degüello.

Escena IX
Siro, Demea, Mición, Esquino.

SIRO

Ya está hecho, Demea, lo que mandaste.

DEMEA

Eres una alhaja. Yo soy de parecer, en verdad, que es justo que Siro hoy reciba libertad.

MICIÓN

¿Este libertad?, ¿por qué merecimientos?

DEMEA

Por muchos.

SIRO

¡Oh, señor Demea! En verdad que eres muy bueno. Yo os he criado estos dos hijos, desde que eran niños, con mucha diligencia, y les he enseñado, amonestado y aconsejado bien todo lo que he podido.

DEMEA

A la vista está. Especialmente esto: Gastar, robar rameras, preparar comilonas de día. Servicios como estos no son propios de un cualquiera.

SIRO

¡Oh, qué hombre tan gracioso!

DEMEA

Finalmente, hoy, en la compra de esa tañedora, este ha sido el valedor, este lo ha tratado; justo es hacerle algún bien. ¿Dónde hallarás siervos mejores? En fin, Esquino gusta de que se haga.

MICIÓN

¿Tú gustas de que se haga esto?

ESQUINO   Deséolo.

MICIÓN   Pues que tú lo quieres, sea. Siro, allégate a mí:
          De hoy más, sé libre.

SIRO   Gran merced me haces. A todos lo agradezco,
          pero a ti, Demea, en particular.

DEMEA   Huelgo de ello.

ESQUINO   Y yo también.

SIRO   Lo creo; ojalá este se me hiciese un gozo per-
          petuo, y que viese yo a mi mujer Frigia libre
          conmigo juntamente.

DEMEA   Muy buena mujer en verdad.

SIRO   Por cierto que a tu nieto, hijo de este, ella le
          ha dado hoy la primera leche.

DEMEA   Pues en verdad que, hablando de veras, pues
          ella le ha dado la primera leche, sin duda es
          razón que quede libre.

MICIÓN   ¿Por solo eso?

DEMEA   Por eso. Finalmente, yo te pagaré de mi dine-
          ro lo que ella vale.

SIRO   Los dioses, Demea, te cumplan siempre todos
          tus deseos.

MICIÓN	Bien has librado hoy, Siro.
DEMEA	Especialmente, Micíón, si tú haces lo que debes, y le aprontas algo con que viva; que él te lo volverá luego.
MICIÓN	No le daré valía de este pelo.
ESQUINO	(*Rogando.*) ¡Ea, que es hombre de bien!
SIRO	Por mi vida que te lo volveré: Dámelo.
ESQUINO	¡Ea, padre!
MICIÓN	Ya veremos.
DEMEA	Él lo hará.
SIRO	¡Oh, qué hombre tan bueno!
ESQUINO	¡Oh, padre afabilísimo!
MICIÓN	(*A* DEMEA.) ¿Qué es esto?, ¿qué negocio ha hecho tan repentinamente mudanza en tus costumbres?, ¿qué prontitud es esta, o qué largueza tan repentina?
DEMEA	Yo te lo diré. Para mostrar cómo el tenerte estos en posesión de hombre benigno y apacible, no procede de verdadera vida ni de lo que es justo y bueno, sino de ser lisonjero; del regalar y del dar, Micíón. Y si mi vida, Esquino, os es aborrecible, porque no os complazco en

todo, así en lo justo como en lo injusto, yo alzo mano de ello: derramad, comprad, haced lo que se os antoje. Pero si gustáis de que lo que vosotros, por ser mozos, no echáis de ver, y lo deseáis a ciegas y lo consideráis poco, esto yo os lo reprenda y corrija, y también en su lugar os complazca, aquí estoy, que por amor de vosotros lo haré.

ESQUINO   En tu mano, padre, lo dejamos todo. Tú sabes mejor lo que nos cumple. Pero, ¿qué harás de mi hermano?

DEMEA   Yo le doy licencia; que la tenga. Y haga raya en ella.

ESQUINO   Eso está muy bien. (*A los espectadores.*) ¡Aplaudid!

Fin.